Richard Günder

Ambulante Erziehungshilfen

Richard Günder

Ambulante Erziehungshilfen

Eine Orientierung für Ausbildung und soziale Berufe

Lambertus

Die Deutsche Bibliothek – CIP-Einheitsaufnahme

Günder, Richard:
Ambulante Erziehungshilfen: eine Orientierung für Ausbildung
und soziale Berufe/Richard Günder. - Freiburg im Breisgau:
Lambertus 1997
ISBN 3-7841-0937-3 Kunststoff

© 1997, Lambertus-Verlag, Freiburg im Breisgau
Umschlaggestaltung: Christa Berger, Solingen
Druck: Druckerei F. X. Stückle, Ettenheim
ISBN: 3-7841-0937-3

Inhalt

Einleitung

Dieses Buch informiert über die unterschiedlichen Formen ambulanter Erziehungshilfen und deren Einbindung in den Kontext des Kinder- und Jugendhilfegesetzes (KJHG). Die differenzierten Hilfeangebote werden zwar schon seit längerer Zeit praktiziert, sie waren aber nicht alle explizit im früheren Jugendwohlfahrtsgesetz erwähnt. Das neue Kinder- und Jugendhilfegesetz hat mit der Aufnahme der verschiedenen ambulanten Erziehungshilfen eindeutige Rechtsgrundlagen geschaffen.

Hilfen zur Erziehung sollen immer dann als Leistungsangebote in Anspruch genommen werden, wenn eine dem Wohl des Kindes oder Jugendlichen entsprechende Erziehung ansonsten nicht gewährleistet wäre. Unter den verschiedenen (ambulanten) Erziehungshilfen besteht keine Rangfolge, es kommt vielmehr darauf an, daß die jeweilige Hilfe oder die Hilfen geeignet und notwendig sind. Bei der Anwendung erzieherischer Hilfen steht nicht mehr der gestörte oder auffällige junge Mensch im Vordergrund der sozialen Interventionen, sondern ebenso das gesamte soziale Umfeld und vor allem die Familie. Das Kinder- und Jugendhilfegesetz und damit auch die ambulanten Erziehungshilfen gehen im Grundsatz von einer Lebensweltorientierung aus. Hilfen nehmen somit keinen fremdbestimmten Charakter ein; sie werden auf den individuellen Fall bezogen und unter Berücksichtigung der individuellen Lebenswirklichkeit und des sozialen Umfelds mit allen Betroffenen gemeinsam ausgewählt, bewertet und realisiert.

Im ersten Teil werden zunächst die Zielsetzungen des Kinder- und Jugendhilfegesetzes sowie die gesetzlichen Grundlagen ambulanter Erziehungshilfen und ihre Träger allgemein vorgestellt. Gewissermaßen im Vorfeld der Notwendigkeit ambulanter erzieherischer Hilfen liegen die anschließend dargelegten fördernden und vorbeugenden Leistungsangebote der Jugendhilfe zur Erziehung in der Familie. Es folgen Abschnitte zum AdressatInnenkreis ambulanter Erziehungshilfen sowie zum Hilfeplanungsprozeß, hierbei wurde der Grundsatz der Betroffenenbeteiligung besonders hervorgehoben.

Die unterschiedlichen ambulanten Erziehungshilfen werden im zweiten Teil erörtert:

– Erziehungsberatung,

– Soziale Gruppenarbeit,

– Erziehungsbeistand,

- Betreuungshelfer,
- Sozialpädagogische Familienhilfe,
- Erziehung in einer Tagesgruppe sowie
- Intensive sozialpädagogische Einzelbetreuung

werden jeweils unter Berücksichtigung der Entwicklung und Aufgabenbereiche der unterschiedlichen Hilfeart, ihrer AdressatInnen, der Organi–sationsformen und Methoden sowie des professionellen Profils der Fachkräfte vorgestellt. Fallbeispiele veranschaulichen die verschiedenen Leistungsangebote und Aufgabenfelder. Ambulante Erziehungshilfen sind jedoch nicht isoliert, sondern im Verbund zu betrachten, sie können sich wie auch andere Leistungsangebote ergänzen. Es kann durchaus sein, daß ein Kind gleichzeitig oder zu verschiedenen Zeiten ambulante Erziehungshilfen in Anspruch nimmt. Die Einzeldarstellung dient lediglich der besseren Veranschaulichung des spezifischen Leistungsprofils der einzelnen ambulanten Erziehungshilfen. Ein dritter Teil befaßt sich mit der Kooperation der verschiedenen Hilfeangebote. Diese erstreckt sich nicht nur auf die unterschiedlichen Formen und Institutionen ambulanter Erziehungshilfen, sondern umfaßt auch die Zusammenarbeit sozialpädagogischer, sozialarbeiterischer und (sonder)schulpädagogischer Maßnahmen und Intentionen. Dies wird besonders deutlich an den modellhaften Beispielen der Vernetzung und praktizierten Kooperation sozialer Dienste mit Kindergärten und Schulen sowie an den Formen flexibler Erziehungshilfen. Insgesamt werden überwiegend die aktuellen Aufgabenbereiche, Zielsetzungen und Methoden ambulanter Erziehungshilfen dargelegt. In diesem Zusammenhang wird der Stellenwert erlebnispädagogischer Elemente besonders betont.

Diese Einführung gibt Studierenden sozialer Berufe einen Überblick über Aufgabenfelder, Praxis und Methoden ambulanter Erziehungshilfen. Sie ist außerdem für diejenigen gedacht, die in sozialen Berufsfeldern tätig sind und häufig mit Menschen arbeiten, welche ambulante Erziehungshilfen benötigen. Dies wird insbesondere bei den Fachkräften in Kindergärten, Horten und Jugendhäusern der Fall sein, aber ebenso bei LehrerInnen allgemeinbildender Schulen und vor allem der Sonderschulen.

Teil A

1. Ambulante Erziehungshilfen im Kontext des KJHG

1.1. FALLBEISPIEL

Die vierjährige Susanne ist ein quicklebendiges Kind. Seit zwei Monaten besucht sie den Kindergarten. Dort springt sie im wahrsten Sinne des Wortes über Stock und Stein, über Stühle und Tische. Susanne hat einen enormen Bewegungsdrang, sie kann nicht stillsitzen, immer ist sie in Aktion. Ihre ungestümen Verhaltensweisen fallen besonders stark auf, wenn sich die Kinder im Gruppenraum befinden. Dann läuft das Mädchen von einer Ecke in die andere, sie will anscheinend überall zugleich sein und nichts versäumen. Sehr oft stört sie dabei andere Kinder, die gerade etwas stilleren Beschäftigungen nachgehen. Susanne verhält sich in ihrem Bewegungsdrang oftmals auch sehr ungeschickt, so daß sie Spiele umstößt, durch die Bauecke hindurchrennt oder die Harmonie zweier spielender Kinder in der Puppenecke durcheinanderwirbelt. Wegen dieser ständigen Störungen sind Streitigkeiten zwischen den anderen Kindern und Susanne an der Tagesordnung. Das Mädchen droht wegen seines Verhaltens zur Außenseiterin der Kindergartengruppe zu werden.

Die Gruppenleiterin spricht nun Susannes Mutter auf das Verhalten ihrer Tochter an und bittet diese zu einem Gesprächstermin. Frau Bach ist hierzu sofort bereit und scheint auf eine ausführliche Gesprächsmöglichkeit geradezu gewartet zu haben.

Bei dem späteren Gespräch berichtet die Erzieherin über Susannes Verhalten und die Reaktionen der anderen Kinder. Die Mutter ist nicht überrascht und erzählt ihrerseits, daß Susanne sich zu Hause genauso lebhaft und ungestüm verhalte. Schon seit der Geburt sei das Kind immer sehr aktiv gewesen. Frau Bach hat den Eindruck, daß sich der Bewegungsdrang seit dem dritten Lebensjahr noch verstärkt habe. Die ganze Familie leide sehr unter diesen Verhaltensweisen. Der gerade eingeschulte Bruder – ein eher ruhiger Junge – könne kaum einmal ungestört seine Hausaufgaben machen. In solchen Situationen sieht Frau Bach oftmals keine andere Möglichkeit, als ihre Tochter zur Strafe ins Bett zu schicken. Das führe aber in der Regel zu heftigen Wut- und Schreianfällen des Mädchens. Frau Bach berichtet weiter, daß

11

auch ihr Mann sehr verzweifelt sei und weder ein noch aus wisse. Aber er könne sich wenigstens seiner Arbeit widmen. In den häufigen Überstunden ihres Ehemanns sieht Frau Bach eine Fluchtmöglichkeit, da er sich dann weniger um die Erziehung der Tochter kümmern müsse. Auch die Verwandten der Familie würden sich oft über die Unarten der „bösen" Tochter beklagen und eigentlich könne man mit Susanne auch keine Freunde der Familie besuchen.

In dem Gespräch wurde überdeutlich, daß Familie Bach Hilfe braucht, denn sie ist mit ihrer Kraft und mit ihren Möglichkeiten am Ende. Aber auch der Kindergarten wäre mit der Lösung dieses Problems überfordert. Die Erzieherin kann der Mutter dennoch einen wichtigen Lösungshinweis geben, da der Kindergarten schon seit einigen Jahren mit der städtischen Erziehungsberatung zusammenarbeitet. BeraterInnen nehmen in regelmäßigen Abständen an Teambesprechungen im Kindergarten teil, und es finden auch gelegentliche Hospitationen des Kindergartenteams in der Beratungsstelle statt. Die Erzieherin informiert Frau Bach über den Arbeitsauftrag und die vielfältigen Hilfemöglichkeiten der Erziehungsberatungsstelle und gibt ihr dann die Telefonnummer der Beratungsstelle. Sie geht jedoch nicht auf den Wunsch der Mutter ein, einen Termin für sie und ihren Mann dort zu vereinbaren. Dieser Schritt könne und müsse von den Eltern selbst gemacht werden, das hätten der Kindergarten und die Erziehungsberatungsstelle vereinbart. Die Erzieherin fügt schließlich noch hinzu, daß die Inanspruchnahme der Erziehungsberatung für Familie Bach vollkommen kostenfrei sein wird.

Herr und Frau Bach haben den Schritt getan und sich an die Erziehungsberatungsstelle gewandt. Einige Wochen später sitzen sie nun einer Psychologin gegenüber und schildern ausführlich ihre Erziehungsprobleme. Nachdem diese auch Susanne selbst kennengelernt hat und sich insgesamt ein Bild über die Genese und das Ausmaß der Störung machen konnte, unterbreitet sie der Familie einen vorläufigen Behandlungsplan, der detailliert diskutiert wird. Die Diagnose „Hyperaktivität" überrascht die Eltern nicht, denn davon haben sie schon gehört und auch vermutet, daß ihre Tochter hyperaktiv ist. Überrascht sind sie allerdings von der Erwartung, daß auch sie selbst in die Behandlung einbezogen werden sollen. Die Psychologin erklärt, daß es bei einer Störung, wie sie Susanne aufweise, sehr auf die Interaktion innerhalb der Familie ankomme. Es gebe Reaktionsweisen auf die Störung, die ungünstig bzw. solche, die eher günstig seien. Deshalb sei es vorteilhaft, sich der Gefühle und Reaktionen in Bezug auf die Probleme von Susanne bewußt zu werden. In diesem Prozeß sollen die Eltern und beide Kinder einbezogen werden.

Für Susanne speziell schlägt die Psychologin die Teilnahme an einer heilpädagogischen Gruppe vor, welche der Beratungsstelle angeschlossen ist. An jeweils zwei Nachmittagen in der Woche könne sie hier zunächst im freien Spiel ungestört ihrem Bewegungsdrang nachgehen, um dann zunehmend durch gezielte Turnübungen, durch rhythmische Gymnastik und unter Einbeziehung musikalischer Elemente zu lernen, ihren Bewegungsdrang zu kanalisieren, zu kontrollieren und sich auf ein Ziel zu konzentrieren.

Die Psychologin bittet die Eltern außerdem um das Einverständnis, über Susannes Störungen und ihre Behandlung mit den GruppenerzieherInnen des Kindergarten sprechen zu können. Dies sei sinnvoll, damit diese die heilpädagogische Übungsbehandlung ergänzen könnten. Zudem sollten auch die ErzieherInnen ihre Reaktionsweisen auf die Hyperaktivität des Mädchens reflektieren und diese gegebenenfalls verändern, um die Verhaltensstörung positiv zu beeinflussen. Die Eltern sind mit diesem Behandlungsplan einverstanden.

Familie Bach beansprucht damit eine ambulante erzieherische Hilfe. Der Weg dazu wurde durch eine gut informierte Erzieherin geebnet. Die in der geschilderten Art und Weise sehr positiv zu bewertende Kooperation zweier Institutionen der Jugendhilfe, nämlich Erziehungsberatungsstelle und Kindergarten, ist allerdings in der Praxis noch lange nicht die Regel.

1.2. Die generelle Zielsetzung des neuen KJHG

Das am 1. Januar 1991 in Kraft getretene neue Kinder- und Jugendhilfegesetz folgt den Erkenntnissen der Sozialisationsforschung sowie neueren Ansätzen der Pädagogik und anderer Sozialwissenschaften. Der Perspektivenwechsel im Verhältnis zum alten Jugendwohlfahrtsgesetz (JWG) wird schon in § 1 des neuen Gesetzes deutlich. Unter der Überschrift „Recht auf Erziehung, Elternverantwortung, Jugendhilfe" werden die Grundlagen und Zielsetzungen der Jugendhilfe zusammengefaßt:

„1) Jeder junge Mensch hat ein Recht auf Förderung seiner Entwicklung und auf Erziehung zu einer eigenverantwortlichen und gemeinschaftsfähigen Persönlichkeit.
2) Pflege und Erziehung der Kinder sind das natürliche Recht der Eltern und die zuvörderst ihnen obliegende Pflicht. Über ihre Betätigung wacht die staatliche Gemeinschaft.
3) Jugendhilfe soll zur Verwirklichung des Rechts nach Absatz 1 insbesondere

1. junge Menschen in ihrer individuellen und sozialen Entwicklung fördern und dazu beitragen, Benachteiligungen zu vermeiden oder abzubauen,
2. Eltern und andere Erziehungsberechtigte bei der Erziehung beraten und unterstützen,
3. Kinder und Jugendliche vor Gefahren für ihr Wohl schützen,
4. dazu beitragen, positive Lebensbedingungen für junge Menschen und ihre Familien sowie eine kinder- und familienfreundliche Umwelt zu erhalten oder zu schaffen."

Diese Leitnorm des KJHG stärkt eindeutig die Stellung der Eltern, und unterstreicht somit den Wert der Familie. Gleichwohl war sich der Gesetzgeber durchaus bewußt, daß vielfach die Erscheinungsformen von Familien und deren Rahmenbedingungen ungünstig sind und sich gefährdend auf das Wohl der Kinder auswirken können. Natürlich ist nicht jede Abweichung von der klassischen Kernfamilie als defizitär oder pathogen zu verstehen. Kinder und Jugendliche, die ambulante Erziehungshilfen benötigen, entstammen jedoch häufig familiären Lebensformen, die verbunden sind mit

(1) einer Zunahme der Ein-Kind-Familien,
(2) einer Steigerung der Scheidungsquote,
(3) einer Zunahme von alleinerziehenden Elternteilen,
(4) einer Zunahme der Familien mit Stiefelternteilen,
(5) der Berufstätigkeit beider Elternteile,
(6) Langzeitarbeitslosigkeit,
(7) der Not, eine angemessene Wohnung zu finden und bezahlen zu können,
(8) Verarmungstendenzen und dem Leben am Existenzminimum.

(Einen detaillierten Überblick über die derzeitige Lebenssituation von Kindern vermittelt das Handbuch „Was für Kinder. Aufwachsen in Deutschland" des Deutschen Jugendinstitutes von 1993). Die aufgezählten familiären Situationen können negative Sozialisationsverläufe von Kindern und Jugendlichen auslösen und begünstigen. Da das KJHG die Erziehungsverantwortung primär bei den Eltern ansiedelt, galt es, die Leistungen zugunsten der familiären Erziehung stark auszuweiten. Damit folgte dieses Gesetz auch systemorientierten Erklärungen, die Schwierigkeiten und Verhaltensstörungen bei Kindern und Jugendlichen vorwiegend als Symptome der jeweiligen Beziehungsstrukturen in der Familie und im sozialen Bezugssystem verstehen. Das Gesetz gibt nicht allgemeine Erziehungsziele vor, sondern spricht von individueller sozialer Entwicklung. Damit werden die Lebensbezüge der Menschen ernstgenommen. Auf diesen ist sozialpädagogisch aufzubauen, die unterschiedlichen Leistungsangebote der Jugendhilfe sind lebensweltorientiert (Münder, J. u.a. 1993, S. 106 f.).

Das neue KJHG regelt unter anderem differenziert die Hilfe zur Erziehung und verzichtet auf negativ besetzte und pädagogisch fragwürdige Begriffe des alten JWG wie beispielsweise „Fürsorgeerziehung" oder „Verwahrlosung". Die Angebote der erzieherischen Hilfen sind als Leistungsangebote zu verstehen, auf welche bei Vorliegen der entsprechenden Voraussetzungen ein rechtlicher Anspruch besteht. Im Gegensatz zu Teilaspekten des alten JWG geht der Gesetzgeber nun nicht mehr von „Erziehungseingriffen" aus, sondern betont durchgängig den freiwilligen Charakter der Hilfsangebote sowie die Notwendigkeit der Zusammenarbeit mit den Familien.

Unter der Überschrift „Hilfe zur Erziehung" lautet § 27 Abs. 1 des KJHG: „Ein Personensorgeberechtigter hat bei der Erziehung eines Kindes oder eines Jugendlichen Anspruch auf Hilfe (Hilfe zur Erziehung), wenn eine dem Wohl des Kindes oder des Jugendlichen entsprechende Erziehung nicht gewährleistet ist und die Hilfe für seine Entwicklung geeignet und notwendig ist." Art und Umfang der Hilfe richten sich nach dem erzieherischen Bedarf im Einzelfall, das engere soziale Umfeld des Kindes oder Jugendlichen ist dabei einzubeziehen. Somit steht die Orientierung an der Lebenswelt im Vordergrund. Im Rahmen der Hilfe zur Erziehung werden insbesondere pädagogische und damit verbundene therapeutische Leistungen gewährt. Nachfolgend werden im Gesetz die folgenden Leistungsangebote der Hilfe zur Erziehung angeführt:

§ 28 Erziehungsberatung
§ 29 Soziale Gruppenarbeit
§ 30 Erziehungsbeistandschaft, Betreuungshelfer
§ 31 Sozialpädagogische Familienhilfe
§ 32 Erziehung in einer Tagesgruppe
§ 33 Vollzeitpflege
§ 34 Heimerziehung, sonstige betreute Wohnform
§ 35 Intensive sozialpädagogische Einzelbetreuung.

Satz 2 des § 27 sagt aus, daß Hilfe zur Erziehung insbesondere nach Maßgabe der §§ 28-35 gewährt wird. Durch das Wort „insbesondere" kommt zum Ausdruck, daß das im Gesetz aufgeführte Leistungsspektrum unterschiedlicher Erziehungshilfen keinen ausschließlichen Charakter hat. Es wird hier Raum gelassen für neue, noch zu entwickelnde Hilfeformen, und auch die sogenannten „Außenseitermethoden" werden nicht von vornherein kategorisch ausgeklammert (Fegert, J. M. 1996, S. 74 f.).

Bei den §§ 28-31 handelt es sich um eindeutig ambulante Erziehungshilfen; die Erziehung in einer Tagesgruppe (§ 32) versteht sich als teil-
stationäres Angebot; Vollzeitpflege und Heimerziehung (§§ 33 und 34)
sind stationäre Erziehungshilfen; dagegen kann die Intensive sozialpädagogische Einzelbetreuung (§ 35) sowohl in ambulanter als auch in
stationärer Form erfolgen.

„Hilfen zur Erziehung zielen darauf ab, daß
(1) die Entwicklung (im Sinne von Reifung) eines jungen Menschen so
begleitet wird, daß sie als gesellschaftlich angemessen einzuschätzen ist
bzw. nach entwicklungspsychologischen Erkenntnissen reflektiert wird;
(2) die Erziehungskompetenz der Erziehungsberechtigten gestärkt wird und
ggf. die Rahmenbedingungen so verbessert werden, daß die Erziehungs-
kraft, also die Beziehungsfähigkeit gestärkt und dauerhaft stabilisiert wird;
(3) die Bewältigung des Alltags gefördert und stabilisiert wird;
(4) durch besondere Angebote verfestigte, gesellschaftlich negativ bewer-
tete Verhaltensmuster durchbrochen und neue objektiv wie subjektiv be-
friedigende Lebenskonzepte erprobt werden;
(5) durch ein 'zweites Zuhause' eine emotionale Entlastung und Stabilisie-
rung des ganzen Familiensystems erreicht wird;
(6) neue 'psychologische Eltern' oder ein neuer mittelfristiger Lebensort
gesucht werden" (Münstermann, K. 1993, S. 138 f.).

Weil das KJHG dem Familienbezug Vorrang einräumt, sind ambulante
Erziehungshilfen den stationären vorzuziehen, wenn die familiären
Beziehungsstrukturen und Bindungen noch einigermaßen vorhanden
sind und zu erwarten ist, daß durch ambulante Hilfen die Verhältnisse
wieder stabilisiert werden können.
Ambulante Erziehungshilfen unterlagen in ihrem Inhalt wie auch in
ihrer Form stetigen Veränderungen. So wandelte sich beispielsweise
die Praxis der Erziehungsberatungsstellen von einer vorwiegend individuell ausgerichteten Intervention hin zu einer mehr systemorientierten und -beeinflussenden Vorgehensweise. Die Sozialpädagogische
Familienhilfe wurde erstmals gegen Ende der 60er Jahre institutionell
praktiziert und tauchte im alten JWG nicht auf. Auch die Intensive
sozialpädagogische Einzelbetreuung wurde als Leistungsangebot der
Erziehungshilfe völlig neu in das KJHG aufgenommen. Der Gesetzgeber reagierte damit auf Erfahrungen und auf Erfordernisse der sozialpädagogischen Praxis. Somit sind Erziehungshilfen nicht als statische
Größen zu verstehen. Sie haben sich verändert und werden sich auch
zukünftig an veränderte Erkenntnisse und gewandelte gesellschaftliche Rahmenbedingungen anpassen müssen.

Die Kosten ambulanter Erziehungshilfen übernehmen die T
öffentlichen Jugendhilfe. Diese bieten Leistungen ambulanter Erziehungshilfe entweder selbst an, und/oder sie finanzieren die entsprechenden Aufwendungen ambulanter Erziehungshilfen, die anerkannte
freie Träger der Jugendhilfe durchführen.

Die ambulanten Erziehungshilfen: Erziehungsberatung, Soziale Gruppenarbeit, Erziehungsbeistand, Betreuungshelfer und sozialpädagogische Familienhilfe sind für die betreffenden Leistungsempfänger
grundsätzlich kostenfrei. Die Personensorgeberechtigten und deren
Kinder müssen also keinerlei Kosten tragen. Bei dem teilstationären
Leistungsangebot Erziehung in einer Tagesgruppe hingegen werden
die Personensorgeberechtigten im Rahmen der Zumutbarkeit an den
Kosten beteiligt. Ebenso verhält es sich bei der Intensiven sozialpädagogischen Einzelbetreuung, allerdings nur, sofern diese Maßnahme
außerhalb der eigenen Familie erfolgt, also beispielsweise in einer vom
Jugendhilfeträger eigens zur Verfügung gestellten Wohnung oder im
Rahmen eines sogenannten Reiseprojektes. Die formal mögliche Beteiligung der Jugendlichen oder jungen Erwachsenen an den Kosten
der Intensiven sozialpädagogischen Einzelbetreuung wird wohl kaum
geltend gemacht, da diese aufgrund ihrer schwierigen Lebenslage in
aller Regel über kein eigenes Einkommen verfügen.

Nach § 27 Absatz 1 KJHG haben die Personensorgeberechtigten, in
der Regel also die Eltern, Anspruch auf Hilfe zur Erziehung, wenn das
Wohl des Kindes oder Jugendlichen ansonsten nicht gewährleistet wäre und wenn die zu gewährende Hilfe für die Entwicklung des jungen
Menschen geeignet und notwendig ist. Es handelt sich keinesfalls um
eine „Kannbestimmung", sondern um einen individuellen Rechtsanspruch, die öffentlichen Jugendhilfeträger sind verpflichtet entsprechende Angebote zu schaffen (Münder, J. u. a. 1993, S. 235 ff.). Die
Gewährung ambulanter erzieherischer Hilfen kann auch nicht zur Dis-
position gestellt werden, etwa aufgrund der prekären Finanzsituation
einer Kommune.

Um den gesetzlichen Anspruch auf erzieherische Hilfen erfüllen zu
können, sind die öffentlichen Träger der Jugendhilfe zu einer verbind-
lichen Jugendhilfeplanung (§ 80 KJHG) verpflichtet, wobei die Träger
der freien Jugendhilfe frühzeitig beteiligt werden müssen. Wie für das
Leistungsangebot der Jugendhilfe generell, gilt für den Bereich der
ambulanten Erziehungshilfen, daß ein Bedarf an Einrichtungen und
Diensten festzustellen ist, wobei für einen mittelfristigen Zeitraum die

esonderen Wünsche, Bedürfnisse und Interessen junger Menschen und der Personensorgeberechtigten zu berücksichtigen sind. Die Einrichtungen und Dienste sollen so geplant werden, daß Kontakte in der Familie und im sozialen Umfeld erhalten und gepflegt werden können. Insbesondere hat die Jugendhilfeplanung die Förderung junger Menschen und Familien in gefährdeten Lebens- und Wohnbereichen zu berücksichtigen.

„Planung in der Jugendhilfe ist notwendig zur Steuerung der verschiedenen Hilfeprozesse, bezüglich des vorhandenen Hilfeangebots, seiner Erweiterung und des bedarfsgerechten Umbaus bei veränderten Problemlagen. Sie schafft somit die Voraussetzungen für qualifizierte Entscheidungen und Hilfeformen (bzw. Leistungen und andere Aufgaben) und die notwendigen Rahmenbedingungen von Sozialarbeit und Sozialverwaltung" (Heck, M. 1993, S. 280).

1.5. Träger ambulanter Erziehungshilfen, Sozialdatenschutz

Gemäß § 69 KJHG obliegt die öffentliche Jugendhilfe den örtlichen und überörtlichen Trägern. Die für die Durchführung ambulanter Erziehungshilfen maßgeblichen örtlichen Träger sind die Kreise und die kreisfreien Städte, welche für die Wahrnehmung der Aufgaben des KJHG ein Jugendamt zu errichten haben.

Das KJHG verweist in § 3 auf die Vielfalt von Trägern der Jugendhilfe, die durch „unterschiedliche Wertorientierungen und die Vielfalt von Inhalten, Methoden und Arbeitsformen" gekennzeichnet ist. Leistungen der Jugendhilfe und damit auch ambulanter Erziehungshilfen können sowohl von öffentlichen Trägern als auch von Trägern der freien Jugendhilfe erbracht werden. Wesentlich ist hierbei eine partnerschaftliche Zusammenarbeit öffentlicher und freier Träger, um gemeinsam zum Wohl junger Menschen und ihrer Familien beizutragen (§ 4 KJHG).

Nach § 5 KJHG haben die Leistungsberechtigten ein Wunsch- und Wahlrecht, welches sich auch auf die Wahl eines bestimmten Trägers, der ambulante Erziehungshilfen anbietet, bezieht. Auf dieses Recht muß ausdrücklich hingewiesen werden.

Die große Mehrzahl aller Jugendhilfeleistungen werden von freien Trägern angeboten. Der hierdurch aufkommende Eindruck einer großen Pluralität der Träger, ihrer Weltanschauungen und Methoden ist jedoch nicht richtig. Denn bei den freien Trägern dominieren ganz eindeutig die beiden christlichen Kirchen und deren Wohlfahrtsverbände,

das Diakonischen Werk und die Caritas (Münder, J. 1991, S. 36).
Neben dem Diakonischen Werk der evangelischen Kirche Deutschlands und dem Deutschen Caritas-Verband sind weitere Spitzenverbände der freien Wohlfahrtspflege: der Bundesverband der Arbeiterwohlfahrt, das Deutsche Rote Kreuz und der Gesamtverband des Paritätischen Wohlfahrtsverbandes. Diese überörtlichen Träger unterhalten vielfältige Einrichtungen der Jugendhilfe, die unter anderem ambulante Erziehungshilfen praktizieren. Außer den vorgenannten „großen" freien Trägern der Jugendhilfe existieren noch viele kleinere Anbieter ambulanter Erziehungshilfen, die sich beispielsweise auf der Basis bestimmter Weltanschauungen, aufgrund privater Initiativen oder als Interessengemeinschaften als freie Träger der Jugendhilfe anerkennen ließen.

Es ist grundsätzlich möglich, daß auch niedergelassene PsychologInnen oder andere Fachkräfte ambulante Erziehungshilfen durchführen. Insbesondere der in § 35a KJHG erwähnte Personenkreis seelisch behinderter oder von einer solchen Behinderung bedrohter Kinder und Jugendlicher kann im Einzelfall durch HeilpädagogInnen in freier Praxis gefördert werden. Die Gewährung von Hilfe muß jedoch zuvor durch das Jugendamt zugesagt worden sein, Jugendamt und freie Praxis eine Vereinbarung über die Kostenerstattung getroffen haben. Bei der Inanspruchnahme freier Praxen für Maßnahmen der ambulanten Erziehungshilfen kann das grundsätzliche Wahlrecht der Betroffenen eine bedeutende Rolle spielen. Andererseits wird das Jugendamt überprüfen, ob angesichts der Bedarfsplanung und vorhandener Institutionen anerkannter Jugendhilfeträger die Beteiligung freier Praxen als angemessen oder notwendig erscheint. Die Qualifikation der Anbieter muß dem Standard der Jugendhilfe entsprechen, ebenso wie eine Verhältnismäßigkeit der entstehenden Kosten vorliegen muß. Wie bei allen ambulanten Erziehungshilfen müssen letztlich die angebotenen Hilfen geeignet und notwendig sein.

Grundsätzlich ist die Praxis ambulanter Erziehungshilfen auf Kooperation und Vertraulichkeit mit den Familien und den Minderjährigen angelegt, die solche Leistungen erhalten. Entsprechend gelten die strengen Vorschriften des Sozialdatenschutzes für die MitarbeiterInnen freier Träger ebenso wie im öffentlichen Trägerbereich. Soziale Daten und Tatbestände, die im Rahmen der Inanspruchnahme ambulanter erzieherischer Hilfen bekannt und gesammelt werden, dürfen nur mit dem Einverständnis der Betroffenen weitergegeben werden (§ 65 KJHG). Auch betroffene Minderjährige, die über eine entsprechende Einsicht verfügen, müssen vor der Offenbarung ihrer Sozialdaten um ihre Einwilligung gefragt werden (Münder, J. u.a. 1993, S. 447).

Eine Weitergabe von geschützten Sozialdaten kann beispielsweise bei Hilfeplangesprächen fachlich notwendig sein. Entsprechend den Sozialdatenschutzvorschriften müssen die Betroffenen über die TeilnehmerInnen eines Hilfeplangesprächs im vorhinein informiert werden, damit sie ihre Ablehnung oder Zustimmung äußern können. Die generelle Anforderung von Berichten über Entwicklungsverläufe, von Betreuungs- oder Abschlußberichten, wie sie öffentliche Jugendhilfeträger zuweilen praktizieren, entsprechen nicht den Datenschutzvorschriften, da dies eine „Datenerhebung über die Betroffenen hinweg" darstellt. „Solche Berichte in denen z. B. Angaben enthalten sind über das soziale Verhalten der Minderjährigen (zu anderen Minderjährigen, zu Fachkräften, in der Schule, in der Erziehungsgemeinschaft, im Außenleben etc.), besondere Auffälligkeiten, Vorkommnisse, ihre Phantasie, ihr Antrieb, ihre Stimmungslage, ihr Erscheinungsbild, ihr Auftreten, ihr Verhältnis zu den Eltern, Geschwistern oder anderen Personen, sind regelmäßig unzulässig" (Proksch, R. 1996, S. 227).

1.6. DIE WEGE ZU AMBULANTEN ERZIEHUNGSHILFEN

Ambulante Erziehungshilfen gelten grundsätzlich als niedrigschwellige Angebote der Jugendhilfe. Betroffene sollten demgemäß einen unkomplizierten und einfachen Zugang zu ihnen finden. In der Praxis haben jedoch immer noch viele Menschen Berührungsängste vor dem Jugendamt, diese Institution wird fälschlicherweise immer noch häufig als „Eingriffbehörde" verstanden, mit welcher der Normalbürger besser nichts zu tun haben sollte. Auch ist ein Großteil der Bevölkerung über das Leistungsangebot der Jugendhilfe entweder nicht, nicht ausreichend oder nur fehlerhaft informiert. Angesichts bestehender Vorurteile und Desinformationen wendet sich nur ein Teil der Hilfesuchenden ohne Umwege direkt an das Jugendamt. Häufig befinden sich diese dann in einer aktuellen Erziehungskrise, oder Konflikte haben sich zugespitzt. In akuter Not und Ratlosigkeit wird das Jugendamt um konkrete Hilfe gebeten. In einem ersten Gespräch mit den zuständigen MitarbeiterInnen des Allgemeinen Sozialdienstes – welches häufig schon zu einer ersten Entlastung führt – können schon vor Beginn der eigentlichen Hilfeplanung die grundsätzlichen Möglichkeiten ambulanter Erziehungshilfen für den konkreten Fall angesprochen und – wenn diese sich im Prozeß einer eingeleiteten Hilfeplanung als geeignet und notwendig erweisen – später auch realisiert werden. Es sind aber nicht nur die Personensorgeberechtigten, die sich in Krisen- und Konfliktsituationen an Jugendämter oder an Beratungsstellen wenden,

20

sondern auch Kinder und Jugendliche mit akuten Nöten, Sorgen und Ängsten können über Sorgentelefone oder andere Anlaufstellen einen indirekten Weg zum Jugendamt finden oder dort direkt um Hilfe bitten. Auch dies kann möglicherweise Anlaß sein, nach der Klärungsphase ambulante Maßnahmen der Erziehungshilfe ins Gespräch zu bringen. Für alle Betroffenen ist es wichtig zu wissen, daß die Erstkontakte mit Jugendämtern und Beratungsstellen grundsätzlich auch anonym ablaufen können. Jugendhilfe will aber nicht erst dann einsetzen, wenn sehr schwierige Lebensbedingungen schon vorliegen oder Krisen eskalieren bzw. sich verfestigt haben. Ambulante Erziehungshilfen haben immer auch präventiven Charakter. Deshalb ist es wichtig, möglichst große Bevölkerungskreise über das Leistungsangebot erzieherischer Hilfen umfassend zu informieren, um so Motivationen zu fördern, schon im Vorfeld von größeren Problemen und Eskalationen Leistungen zu beanspruchen. Um dies zu erreichen, sind in der Praxis vielfältige Multiplikationsstellen vorhanden:

(1) KinderärztInnen kennen oft die Sorgen, Schwierigkeiten und Bedürfnisse von Eltern mit ihren Kindern. Sie sind in der Regel über das Angebot ambulanter Erziehungshilfen gut informiert und können entsprechend motivieren, diese im Bedarfsfall auch zu nutzen. In einigen Städten sind „Runde Tische" zwischen KinderärztInnen und Jugendhilfe entstanden, um sich über allgemeine und sich verändernde Bedürfnislagen gegenseitig zu informieren, aber auch, um auf gravierende Mißstände aufmerksam zu machen. Die Grundsätze des Sozialdatenschutzes und der ärztlichen Schweigepflicht sind hierbei zu beachten.
(2) Kindergärten können Eltern zunächst allgemein über erzieherische Hilfen informieren und beraten. Es werden beispielsweise Informationsmaterialien von Erziehungsberatungsstellen verteilt, häufig finden Elternabende statt, zu denen ErziehungsberaterInnen eingeladen werden. Manche Kindergärten pflegen eine Kooperation mit Erziehungsberatungsstellen, die über gelegentliche Kontakte hinausgeht. Gerade sehr gut informierte ErzieherInnen können helfen, bei vorliegenden Erziehungs- und Verhaltensproblemen die Hemmschwelle von Eltern gegenüber ambulanten Erziehungshilfen zu senken.
(3) Schulen und namentlich Sonderschulen sollten die Möglichkeiten ambulanter Erziehungshilfen kennen. Auch hier kann eine allgemeine Information der Eltern durch die Lehrkräfte erfolgen – möglicherweise unter Hinzuziehung von Fachkräften. LehrerInnen können und sollten bei Erziehungsproblemen auf die Möglichkeit bzw. auf die Notwendigkeit ambulanter erzieherischer Maßnahmen hinweisen. Je bes-

ser LehrerInnen selbst informiert sind, desto eher werden sie in der Lage sein, im konkreten Einzelfall den Weg zu ambulanten Erziehungshilfen zu ebnen und zu erleichtern. Wenn Schule und Jugendhilfe permanent kooperieren, werden Berührungsängste bei den betroffenen Eltern, Kindern und Jugendlichen kaum noch entstehen bzw. sind diese schnell zu minimieren.

(4) Schulpsychologische Dienste und die Fachkräfte der Schulsozialarbeit können die Elternschaft wiederum allgemein über die Aufgabenbereiche und Möglichkeiten ambulanter Erziehungshilfen in Kenntnis setzen bzw. im jeweiligen Einzelfall Eltern und deren Kinder die Kontaktaufnahme mit dem Jugendamt empfehlen und erleichtern.

(5) Insbesondere Erziehungsberatungsstellen betreiben in ihrem Umfeld häufig eine rege Öffentlichkeitsarbeit, die über Vorgehensweisen und Perspektiven der Beratungs- und Therapiebereiche Aufschluß gibt. Je mehr es gelingt, die Tätigkeit von Erziehungsberatungsstellen als Dienstleistung zu präsentieren, desto eher werden bei Beratungsanlässen und in Problemfällen der Erziehung die Betroffenen sich selbst an diese Institution der ambulanten Erziehungshilfe wenden.

Neben den vielfältigen Wegen, die Betroffene direkt oder indirekt zu ambulanten Erziehungshilfen finden können, ist in der Praxis der Jugendhilfe auch der umgekehrte Fall anzutreffen, wenn in Einzelfällen der Allgemeine Sozialdienst eines Jugendamtes direkt auf Personensorgeberechtigte und deren Kinder zugeht. Dies wird beispielsweise der Fall sein,

(1) wenn aus der Verwandtschaft, von Nachbarn oder von anderen Personen auf real vorliegende oder vermutete Mißstände und Probleme von oder im Umgang mit Kindern und Jugendlichen aufmerksam gemacht wird,

(2) wenn das Jugendamt von der Schule über langandauernde Schulversäumnisse oder über schwerwiegende Verhaltensprobleme informiert wird,

(3) wenn bereits ein Kontakt mit dem Jugendamt besteht und die dortigen Fachkräfte der Auffassung sind, daß ambulante Erziehungshilfe notwendig wäre, vielleicht auch für ein weiteres Kind der Familie.

Schließlich können in bestimmten Einzelfällen ambulante erzieherische Hilfen vom Vormundschaftsgericht oder vom Familiengericht angeordnet werden. Dies widerspricht jedoch dem prinzipiell freiwilligen Charakter ambulanter Erziehungshilfen. Insofern müßte hier zunächst von den Fachkräften Motivationsarbeit geleistet werden. Nur dann sind positive Ergebnisse zu erwarten.

Ambulante Erziehungshilfen setzen voraus, daß eine dem Wohl von Kindern oder Jugendlichen entsprechende Erziehung ohne sie nicht gewährleistet wäre und die Hilfe geeignet und notwendig ist. Der Benachteiligung junger Menschen, deren Leben durch abweichende, defizitäre oder gefährdete Entwicklungs- und Sozialisationsverläufe gekennzeichnet ist, soll insbesondere durch geeignete Maßnahmen begegnet werden. Mit unterschiedlichen Leistungsangeboten und Methoden können ambulante Erziehungshilfen Klärungen herbeiführen, Krisen entschärfen und abbauen, Förderungen initiieren, entwickeln und begleiten, insgesamt entlastend wirken und beim Aufbau neuer Lebensperspektiven helfen.

Ambulante Erziehungshilfen stellen nicht nur auf die Minderjährigen selbst ab, sie setzen vielmehr da an, wo die Probleme in aller Regel entstanden sind: in der Familie und in deren Umfeld.

Lebensweltorientierte ambulante Erziehungshilfen setzen familiäre Strukturen und Beziehungsverhältnisse voraus, die zumindest begrenzt tragfähig sind, auf denen daher aufgebaut werden kann, um neue Entwicklungen zu ermöglichen. Dann können nicht nur die Verselbständigungsprozesse von jungen Menschen unterstützt und gefördert werden, es sind ebenso positive Veränderungen innerhalb des familiären Systems und dessen Umfeld dadurch zu erwarteten, daß man die Eigenkräfte der Familie mobilisiert und sie befähigt, Hilfe und Sozialleistungen anzunehmen. Letztlich sind ambulante Erziehungshilfen als Hilfe zur Selbsthilfe zu verstehen, die bei positivem Verlauf mehr und mehr entbehrlich werden.

Ambulante Erziehungshilfen reichen nicht aus, sie sind begrenzt und müssen gegebenenfalls ergänzt werden, wenn das Wohl von Kindern und Jugendlichen so massiv gefährdet ist, daß zu deren Schutz und Wohlergehen eine sofortige Intervention außerhalb der eigenen Familie notwendig ist, beispielsweise eine Heimunterbringung.

Ambulante Erziehungshilfen sind aber auch fraglich bzw. ausgeschlossen, wenn momentan keine tragfähigen Beziehungen innerhalb der Familie existieren oder wenn keine Zusammenarbeit zu erwarten ist. In solchen Fällen kommen möglicherweise stationäre Erziehungshilfen in Frage, also die Unterbringung in einer Pflegefamilie, in einem Heim, in einer Wohngruppe oder in einer sonstigen betreuten Wohnform (zu stationären Erziehungshilfen: Günder, R. 1995). Ob ambulante Erziehungshilfen auch gegen den Willen der Personensorgeberechtigten angeordnet werden können, ist gegenwärtig umstritten (Möller, W./Nix, C. 1991, S. 69).

Denkbar erscheint eine Anordnung der Erziehungshilfen beispielsweise bei einer als notwendig erachteten Teilnahme von Jugendlichen an der Sozialen Gruppenarbeit und insbesondere bei der Intensiven sozialpädagogischen Einzelbetreuung. Junge Menschen, die einer Intensiven sozialpädagogischen Einzelbetreuung bedürfen, haben sich in vielen Fällen nach jahrelangen Streitigkeiten aus allen familiären Bezügen vollständig gelöst, oder sie wurden ausgestoßen. Eine Verlagerung der elterlichen Erziehungsverantwortung auf das Jugendamt bzw. auf einen Verfahrenspfleger kann in solchen Fällen auch zu einer Entlastung und Entkrampfung einer als untragbar empfundenen Situation führen und damit eine Grundlage für den Wiederaufbau der gestörten Beziehungen sein.

Literatur

Möller, W./Nix, C. (Hrsg.): Kurzkommentar zum Kinder- und Jugendhilfegesetz. Weinheim, Basel 1991.

Münder, J. u. a.: Frankfurter Lehr- und Praxiskommentar zum Kinder- und Jugendhilfegesetz. 2. überarb. Aufl. Münster 1993.

Proksch, R.: Sozialdatenschutz in der Jugendhilfe. Hrsg.: Institut für soziale Arbeit. Münster 1996.

2. Fördernde und vorbeugende Leistungsangebote der Jugendhilfe

Die Inanspruchnahme der differenzierten Leistungsangebote der Jugendhilfe setzt keinesfalls voraus, daß das Wohl von Kindern oder Jugendlichen schon mehr oder weniger intensiv gefährdet ist. Ambulante und auch stationäre Angebote der Erziehungshilfe setzen allerdings erst dann ein, wenn Benachteiligungen, Gefährdungen oder Entwicklungsabweichungen bereits vorhanden, unmittelbar zu erwarten sind bzw. in absehbarer Zeit eintreten könnten.

Wie bereits geschildert wurde, sind die heutigen Lebenssituationen von Familien und damit namentlich von Kindern, Jugendlichen und jungen Erwachsenen häufig belastend, was die Sozialisationsbedingungen erschweren und Fehlentwicklungen verursachen kann. Das KJHG sieht die Familie eindeutig als den primären Sozialisationsort für Kinder und Jugendliche an. Die allgemeine Förderung der Erziehung in der Familie wird daher besonders betont (§§ 16-21). Zugleich erfährt die Familienerziehung und -sozialisation ihre Ergänzung durch die Förderung von Kindern in Tageseinrichtungen und in Tagespflege (§§ 22-26). Somit zielt diese Förderung, Ergänzung und Unterstützung der Erziehung in der Familie darauf ab, gewissermaßen schon im Vorfeld, solchen Situationen und Lebensbedingungen vorzubeugen, die Erziehungshilfen als notwendig erscheinen lassen könnten.

2.1. Allgemeine Förderung der Erziehung in der Familie

Die allgemeine Förderung der Erziehung in der Familie soll dazu verhelfen, daß Mütter, Väter und andere Erziehungsberechtigte ihre Erziehungsverantwortung besser wahrnehmen können. Als klassische Angebote zur Erziehungsförderung der Familie werden insbesondere genannt: Familienbildung, Familienberatung und Familienfreizeit. „Familienbildung richtet ihr Augenmerk auf die Familien in ihrer Gesamtheit; sie erfaßt die Familienmitglieder in ihren unterschiedlichen Rollen und Funktionen und befaßt sich mit all den Problemen die sich unmittelbar im Spannungsfeld der Familie und der Familie zur Umwelt ergeben" (Schmitt-Wenkelbach, B. 1993, S. 327). Angebote der Familienbildung können von Eltern und Familien auch in Eigeninitiative wahrgenommen und organisiert werden. Zu denken ist hierbei etwa an Elterninitiativen, an Eltern-Kind-Gruppen oder an Zusammenkünfte von Alleinerziehenden. Außerdem wird Familienbildungsarbeit durch Volkshochschulen, Familienbildungsstätten, Bildungswerke und durch die Träger der freien und der öffentlichen Jugendhilfe realisiert. Ziel der Familienbildungsarbeit ist die Aktivierung der Familie und ihre Befähigung zur Selbsthilfe (Köller, W. 1993, S. 102).

Die Beratung in allgemeinen Fragen der Erziehung und Entwicklung junger Menschen setzt keine besonderen Problemlagen voraus. Dieses Beratungsangebot ist im Unterschied zu den klassischen Aufgaben der Erziehungsberatung keine spezielle Form der Erziehungshilfe, sie ist keine institutionelle Einrichtung, sondern eine funktionelle Erziehungs- und Lebensberatung, die beispielsweise auch durch den Allgemeinen Sozialdienst (ASD) des Jugendamtes angeboten werden kann (Münder, J. u.a. 1993, S. 184).

Angebote der Familienfreizeit und der Familienerholung sollen insbesondere in belastenden Familiensituationen, also beispielsweise bei Langzeiterkrankungen von Familienmitgliedern, in Trennungs- und Scheidungssituationen oder bei wirtschaftlicher Notlage zu einer Entlastung und Erholung der Familienmitglieder beitragen. Um Eltern bzw. Alleinerziehende in solchen Lagen zu unterstützen, ist bei entsprechendem Bedarf die Kinderbetreuung während der Freizeit- oder Erholungsmaßnahme zu gewährleisten.

„Die verschiedenen Formen der Familienarbeit wenden sich nicht nur an einzelne Familienmitglieder, sondern setzen vielmehr bei der Familie als ganzer an und berücksichtigen deren ganzen Lebenszusammenhang" (Möller, W./Nix, C. 1991, S. 45).

Als weitere Leistungsangebote zur Förderung der Erziehung in der Familie werden im Gesetz aufgeführt:

§ 17 Beratung in Fragen der Partnerschaft, Trennung und Scheidung,
§ 18 Beratung und Unterstützung bei der Ausübung der Personensorge,
§ 19 Gemeinsame Wohnformen für Mütter/Väter und Kinder,
§ 20 Betreuung und Versorgung des Kindes in Notsituationen.

Die Beratung in Fragen der Partnerschaft soll Eltern untereinander und im Verhältnis zu ihren Kindern darin unterstützen, aufkommende Probleme konstruktiv anzugehen und zu lernen, diese selbst aktiv zu bewältigen. In Trennungs- und Scheidungssituationen zielt die Beratung darauf ab, die zukünftige Wahrnehmung der Elternverantwortung – beispielsweise beim Vorliegen eines gemeinsamen Sorgerechts – so zu fördern, daß sie dem Wohl des Kindes oder Jugendlichen entspricht. Diese Form der Beratung kann je nach Einzelfall von Fachkräften der

Jugendhilfe in freier oder öffentlicher Trägerschaft, von institutionellen Beratungsstellen oder bei Scheidungsverfahren im Rahmen der Familiengerichtshilfe vom Jugendamt durchgeführt werden. Die Beratung und Unterstützung bei der Ausübung der Personensorge richtet sich an Mütter und Väter, die ein Kind allein erziehen. Die Notwendigkeit der Beratung und Unterstützung ist vor allem auch bei der Geltendmachung von Unterhaltsansprüchen gegeben. Ein Beratungsanspruch hinsichtlich der Ausübung des Umgangsrechtes mit dem Kind besteht für Mütter und Väter, denen die elterliche Sorge nicht zusteht.

Mit gemeinsamen Wohnformen für Mütter, Väter und Kinder sind nicht in erster Linie die klassischen Mutter-Kind-Heime gemeint. Im Unterschied zu dieser stationären Betreuung sind ambulante Hilfen und Betreuungsangebote auch im Rahmen einer eigenen Wohnung oder etwa in Wohngemeinschaften möglich. Angesprochen werden hier in der Regel noch jüngere – auch minderjährige – Mütter und Väter, die allein für ein kleines Kind zu sorgen haben. Diese benötigen die Unterstützung und Betreuung in einer geeigneten Wohnform für einen begrenzten Zeitraum, wenn sie aufgrund ihrer Persönlichkeitsentwicklung mit der Pflege und Erziehung ihres Kindes überfordert sind. Jugendliches Alter, psychische Überforderungen, mangelnde Belastbarkeit, Unselbständigkeit (Münder, J. u.a. 1993, S. 193) und noch nicht abgeschlossene Ausbildung sind oftmals bei alleinerziehenden Müttern und Vätern anzutreffen, die sich in ihrer Elternrolle überfordert fühlen und es in der Realität auch tatsächlich sind. Neben der Beratungs- und Betreuungshilfe wird im Gesetz die Selbständigkeit der jungen Eltern ausdrücklich als Ziel genannt: „Schulische und/oder berufliche Ausbildung und Berufstätigkeit sind die Ziele der Hilfe. Daß dieses hier noch einmal besonders betont wird – gehört es doch eigentlich zur Selbstverständlichkeit reifenden Erwachsenwerdens –, macht deutlich, daß dieser Aspekt der Hilfe Schwerpunkt sein muß" (Degner, F. 1993a, S. 111).

Die Betreuung und Versorgung eines Kindes in Notsituationen bezieht sich auf Fälle, in denen der Elternteil, der die überwiegende Betreuung des Kindes übernommen hat, aus gesundheitlichen oder aus anderen zwingenden Gründen ausfällt. Wenn Angebote zur Förderung des Kindes in Tageseinrichtungen oder in Tagespflege in solchen Situationen nicht ausreichen, soll die Betreuung, Pflege und Versorgung des Kindes durch andere geeignete Maßnahmen innerhalb des elterlichen Haushalts unterstützt werden. Dies kann beispielsweise durch den Einsatz einer Familienhelferin geschehen.

Wenn Eltern berufsbedingt (so z. B. bei Artisten oder bei Binnenschiffern) häufig ihren Arbeitsort wechseln, haben sie Anspruch auf Unterstützung bei einer notwendige Unterbringung der Kinder zur Erfüllung der Schulpflicht. Außer der Beratung in solchen Lebenssituationen ist es Aufgabe des Jugendamtes, Eltern bei der Auswahl und Finanzierung geeigneter Institutionen (z. B. Schifferkinderheim) zu unterstützen.

2.2. FÖRDERUNG VON KINDERN IN TAGESEINRICHTUNGEN UND IN TAGESPFLEGE

Die §§ 22-26 KJHG regeln die Förderung von Kindern in Tageseinrichtungen und in Tagespflege.

Tageseinrichtungen sind Kindergärten, Horte und andere Einrichtungen (so z. B. Kinderkrippen, altersgemischte Gruppen, integrative Gruppen für behinderte und nichtbehinderte Kinder), welche die Entwicklung der Kinder zu eigenverantwortlichen und gemeinschaftsfähigen Persönlichkeiten fördern sollen. Wenngleich im Zuge der Berufstätigkeit von Eltern der Betreuung und der Versorgung von Kindern durch Tageseinrichtungen eine wichtige Rolle zufällt, nennt das Gesetz ausdrücklich auch Bildung und Erziehung als Leistungsangebote, die sich an den Bedürfnissen der Kinder und ihrer Familien zu orientieren haben. In diesem Sinne haben vor allem die Kindergärten, als weitverbreitete Form der Tageseinrichtungen schon seit längerer Zeit konzeptionell und methodisch gearbeitet. Die seit Mitte der 70er Jahre zu beobachtende Abkehr vom Kindergarten als Vorschule oder einer „bloßen Betreuungseinrichtung" hin zu Institutionen, die situationsorientiert die Lebenswirklichkeit von Kindern und deren Familien als Ausgangspunkt der Erziehung und Bildung begreifen, unterstreichen den eigenständigen und familienergänzenden Erziehungs- und Bildungsauftrag für Kinder im Alter von etwa drei bis sechs Jahren. Die programmatisch angelegte situationsorientierte Vorgehensweise berücksichtigt die Lebensbedingungen des Kindes und seiner Umwelt. Die Einbeziehung der Eltern ist hierbei wesentliches methodisches Konzept. Die Veränderungen der Familienstrukturen, die größer gewordene Anzahl der Ein-Kind-Familien ließen den Kindergarten als „Ort des sozialen Lernens" immer wichtiger werden. Der gesetzliche Anspruch auf einen Kindergartenplatz beruht auf dieser Erkenntnis. In der gegenwärtigen Finanzkrise der öffentlichen Haushalte wird dieser Erkenntnis jedoch widersprochen, wenn Gruppengrößen erhöht oder nur Teilkindergartenplätze zur Verfügung gestellt werden.

Der Bedarf an Tageseinrichtungen für Kinder unter drei Jahren und für Schulkinder ist bei weitem noch nicht abgedeckt. Die zu geringe Anzahl an Hortplätzen für Kinder im Alter von sechs bis zwölf Jahren machte eine Auslese nach sozialen Kriterien erforderlich. Diese Auslese führte allerdings zu einer Stigmatisierung des Hortes als Institution und der Kinder, die diese Tageseinrichtung besuchen (Briel, R. 1993, S. 478).

Insbesondere zur Förderung von Kindern in den ersten Lebensjahren kann auch eine Tagespflege beitragen. Die Tagespflegeperson kann ihre Aufgabe entweder in der Familie des Kindes wahrnehmen oder in ihrem eigenen Haushalt. Die Einrichtung der Tagespflege folgt der Erkenntnis, daß es besonders für Kleinkinder äußerst wichtig ist, konstante Bezugspersonen zu haben. Da dennoch verschiedene Personen sich Erziehungsaufgaben teilen, ist eine positive Zusammenarbeit zwischen Eltern und Tagespflegeperson unerläßlich. „Eltern sollten sich darüber klar sein, daß die Tagespflege nicht eine verkleinerte Form des Kindergartens oder der Krippe darstellt, sondern ihr Kind hier in einen qualitativ anderen Bezugsrahmen gestellt wird. Eltern müssen emotional darauf eingestellt sein, daß das Kind in beiden Erziehungswelten sich unterschiedlich darstellt" (Janssen, K. 1993, S. 117).

Die Jugendhilfe hat die Aufgabe, Eltern vor und während der Inanspruchnahme von Tagespflege zu beraten, Tagespflegestellen zu vermitteln, Tagespflegestellen auf deren Eignung zu überprüfen, sich an der Finanzierung der Tagespflege zu beteiligen und Zusammenschlüsse von Tagespflegepersonen zu beraten.

Die Tagespflege ist ein Leistungsangebot der Jugendhilfe, aber im Unterschied zur Vollzeitpflege keine eigentliche Erziehungshilfe. Im Rahmen des § 32 KJHG (Erziehung in einer Tagesgruppe) kann jedoch eine – hier teilambulante – Erziehungshilfe in einer Tagespflegestelle geleistet werden.

LITERATUR

Gernert, W. (Hrsg.): Das Kinder- und Jugendhilfegesetz 1993. Anspruch und praktische Umsetzung. Stuttgart u.a. 1993.

3. Adressatenkreis ambulanter Erziehungshilfen

Ziel der Jugendhilfe ist es, das Recht auf persönliche Förderung der Entwicklung und auf Erziehung zu gewährleisten. Dazu sollen Benachteiligungen vermieden oder bereits bestehende abgebaut werden. Um dies zu erreichen, gehört es zur Aufgabe der Jugendhilfe, Eltern und andere Erziehungsberechtigte zu beraten und zu unterstützen. Weiterhin soll Jugendhilfe dazu beitragen, positivere Lebensbedingungen für Kinder und Jugendliche und deren Familien zu schaffen und insgesamt die soziale Umwelt kinder- und familienfreundlicher zu gestalten. Die Personensorgeberechtigten haben Anspruch auf Hilfe zur Erziehung, wenn eine dem Wohl des Minderjährigen entsprechende Erziehung nicht gewährleistet ist.

> „Das Wohl des Minderjährigen ist hiernach dann nicht gewährleistet, wenn die konkrete Lebenssituation durch Mangel oder soziale Benachteiligung gekennzeichnet ist: Mangel an Anregung, an Kommunikation, an pädagogischer Unterstützung, aber auch Mangel an Ausbildungsmöglichkeit besteht, wenn Mangel an geeignetem Wohnraum oder wenn die Möglichkeiten zur Freiheitsentfaltung im öffentlichen und im politischen Raum eingeschränkt sind, wenn Benachteiligung im Bildungsbereich existiert usw. Für den Rechtsanspruch muß hinzukommen, daß das Sozialisationsfeld des Minderjährigen nicht in der Lage ist, aus eigenen Kräften diese Mangel- und Defizitsituationen abzubauen, daß erzieherische Hilfsbedürftigkeit besteht" (Münder, J. u.a. 1993, S. 236 f.).

Mit Ausnahme der Intensiven sozialpädagogischen Einzelbetreuung handelt es sich bei den ambulanten Erziehungshilfen um „niedrigschwellige" Hilfsangebote. Betroffene Personen und Familien sollen einen leichten unkomplizierten Zugang finden, durch Offenheit, Transparenz, Akzeptanz, Partizipation und Regionalisierung sollen Ängste vor den Institutionen von vornherein gering gehalten oder doch schnell abgebaut werden. Die Beschreibungen der Aufgaben und Zielsetzungen der ambulanten Erziehungshilfen machen deutlich: Ein auch nur annähernd einheitlicher Adressatenkreis ist keineswegs vorhanden. Im Gegenteil haben wir es hier mit individuellen Kindern, Jugendlichen und Familien zu tun, die sich in höchst unterschiedlichen sozialen Lebenssituationen und sehr unterschiedlichen Problemlagen und Krisen befinden können.

Die große Bandbreite der Zielgruppe ambulanter Erziehungshilfen soll daher nur exemplarisch dargestellt werden: Sie reicht zum Beispiel von Fällen mit kurzzeitigen Erziehungsproblemen, die relativ rasch behoben werden können, über Fälle langandauernder sozialer und individueller Benachteiligungen, die sich gefährdend auf Sozialisationsprozesse und individuelle Entwicklungen auswirken können (z. B. durch andauernde materielle Not, durch längere Erziehungsunfähigkeit, durch individuelle, auch organisch bedingte Benachteiligungen und Gefährdungen), bis hin zu solchen Kindern, Jugendlichen und Familien, die sich in absolut desolaten und perspektivlosen Verhältnissen (bei denen eine Intensive sozialpädagogische Einzelbetreuung angezeigt sein kann) befinden.

In der Regel wird es sich um Kinder und Jugendliche handeln, die Probleme im Leistungsbereich und vor allem im Erlebens- und Verhaltensbereich aufweisen. Damit wird nun keineswegs ausgesagt, daß Verhaltensstörungen individuell anhaftende Merkmale seien, vielmehr sind sie als soziales Phänomen zu sehen, das von spezifischen Interaktions-, Wahrnehmungs- und Definitionsprozessen abhängt (Theunissen, G. 1992, S. 14).

Der Gesetzgeber hat in § 35a des KJHG ausdrücklich auch Kinder und Jugendliche aufgenommen, die seelisch behindert oder von einer solchen Behinderung bedroht sind. Diese, bezogen auf die Gesamtgruppe der Kinder und Jugendlichen, denen Hilfe zur Erziehung gewährt wird, relativ kleine Gruppe hat Anspruch auf Eingliederungshilfe und im Bedarfsfall auch Anspruch auf Hilfen zur Erziehung, was ambulante Erziehungshilfen einschließt. Mit der Berücksichtigung seelisch behinderter Kinder und Jugendlicher im KJHG beendete der Gesetzgeber den jahrzehntelang andauernden Streit, ob diese Minderjährigen durch Maßnahmen der Sozial- oder der Jugendhilfe gefördert werden sollen. „Der allgemeine Gedanke der Integration von Behinderten kann dadurch verstärkt auch im Rahmen der Erziehungshilfen praktiziert werden" (Münstermann, K. 1993, S. 140). Als seelisch behindert werden jene Personen angesehen, die als chronisch psychisch krank gelten, die oftmals längere Aufenthalte in Psychiatrien erleben mußten, die krankheitsbedingt langfristig in ihrer seelischen Stabilität eingeschränkt sind (Ronge, H.-G. 1993, S. 815). Bei Kindern und Jugendlichen handelt es sich aus traditioneller Sichtweise vor allem um solche mit autistischen und anderen psychotischen Syndromen, mit Persönlichkeitsstörungen auf der Grundlage schwerwiegender Neurosen oder mit Befindlichkeiten nach hirnorganischen Erkrankungen.

Fegert gibt in einer sehr differenzierten Abhandlung zum § 35 a jedoch zu bedenken, daß die Anwendung des Begriffs „Seelische Behinderung" im Kindes- und Jugendalter sehr problematisch sei, da beim Behinderungsbegriff die Chronizität des Leidens immer eine große Rolle spiele. Er legt daher sein Hauptaugenmerk auf den Bedrohungsgedanken:

„Dies bedeutet, daß eine umfassende Diagnostik, die neben der Feststellung der jeweiligen psychopathologischen Symptomatik auch eine differenzierte Einschätzung des Entwicklungsstandes, des Intelligenzniveaus, körperlicher Begleiterkrankungen oder Grunderkrankungen, und unterschiedlicher psychosozialer Risiken beinhaltet, eine Feststellung zuläßt, ob die Kinder bei Unterbleiben geeigneter Hilfs- und Entwicklungsmaßnahmen von einer Entwicklung bedroht sind, die sie in ihren Beziehungen beeinträchtigt, die ihr Leistungsniveau herabsetzen, die ihre spätere Teilnahme am regulären Arbeitsprozeß in Frage stellt, und die sie subjektiv mehr oder weniger erheblich beeinträchtigt (je nach Krankheitsbild teilweise schweregradunabhängiger, völlig unterschiedlicher Leidensdruck)" (Fegert, J. M. 1996, S. 35).

Außerdem weist Fegert zurecht darauf hin, daß viele bestehende Behinderungen wie beispielsweise Körperbehinderung, Sprachbehinderung, Lernbehinderung und geistige Behinderung sehr häufig mit sekundären psychischen Beeinträchtigungen einhergehen, auf deren Grundlage sich eine psychische Behinderung entwickeln kann (Fegert, J. M. 1996, S. 30-42). Die zuletzt genannten Behinderungsformen werden jedoch vom § 35a nicht erfaßt, da dieser Personenkreis der Eingliederungshilfe gemäß dem Bundessozialhilfegesetz (BSHG) unterliegt. Dennoch ist die Einbeziehung seelisch behinderter Kinder und Jugendlicher in das Leistungsangebot des KJHG als ein Fortschritt zu begrüßen. „Dieser Einbezug zwingt Jugendhilfe und Kinder- und Jugendpsychiatrie zur Kooperation. Die Diskussion um die ´seelisch Behinderten´ wird damit von einer Abgrenzungsdiskussion zu einer Kooperationsdiskussion!" (Gintzel, U./Schone, R. 1995, S. 152) Bei seelisch behinderten oder von einer solchen Behinderung bedrohten Kindern sind beispielsweise die ambulant durchgeführten Maßnahmen einer pädagogischen Frühförderung der Jugendhilfe zuzuordnen, während bei geistig und körperlich behinderten Kindern die Frühförderung als Eingliederungshilfe im Rahmen der Sozialhilfe zu leisten ist.
Bei dem Personenkreis, der ambulante Erziehungshilfen in Anspruch nimmt, wird man zunächst an Kinder und Jugendliche denken, die mit ihren Schwierigkeiten, Problemen und Symptomen im Vordergrund der Interessen stehen. Die Hilfen beziehen sich aber prinzipiell nicht alleine auf die Minderjährigen, sondern beziehen ihre Familie und das soziale Umfeld system- und lebensweltorientiert mit ein. Zu Beginn einer ambulanten Erziehungshilfe läßt sich noch nicht eindeutig bestimmen, ob die sozialpädagogischen Interventionen sich primär an den Minderjährigen, an seine Familie oder an sein sonstiges soziales

Umfeld richten werden.

Eine fachlich hoch spezialisierte soziale Arbeit birgt die Gefahr in sich, „Probleme selektiv zu bearbeiten und über der Fülle professioneller Detailansätze den Blick für das 'Ganze' zu verlieren." (Münchmeier, R./v. Wolffersdorff, C. 1993, S. 169) Die lebensweltorientierte Sozialarbeit geht demgegenüber von einem ganzheitlichen Konzept aus, das sich an der Lebenswirklichkeit der Menschen orientiert. Hilfen werden nicht von außen „übergestülpt", sondern in Kooperation mit den Betroffenen ausgewählt. „Eine lebensweltorientierte soziale Arbeit engagiert sich für die Stützung primärer Hilfsbeziehungen und nimmt generell eine Perspektive ein, die an den subjektiven Sichtweisen, Bedürfnissen und Möglichkeiten der Hilfesuchenden anknüpft. Lebensweltorientierung zielt auf alltägliche Handlungskompetenz, auf Förderung der Lebenspraxis, auf Aktivierung der Betroffenen und auf Selbstorganisation" (Frank, G. 1993, S. 615).

LITERATUR

Fegert, J. M.: Was ist seelische Behinderung? Anspruchsgrundlage und kooperative Umsetzung von Hilfen nach § 35a KJHG. 2. Aufl. Münster 1996.

Theunissen, G.: Heilpädagogik und Soziale Arbeit mit verhaltensauffälligen Kindern und Jugendlichen. Eine Einführung. Freiburg 1992.

4. Beteiligung, Hilfeplanung, Kooperation

4.1. RECHTLICHE VORAUSSETZUNGEN DER BETEILIGUNG VON MINDERJÄHRIGEN UND PERSONENSORGEBERECHTIGTEN

Im Gegensatz zum alten JWG, in dem Maßnahmen der Jugendhilfe überwiegend als Eingriffsmaßnahmen galten, die mehr oder weniger „von oben" angeordnet wurden, geht das KJHG von Leistungen aus, die in partnerschaftlicher Kooperation mit den Betroffenen zu klären, abzuwägen und abzustimmen sind. Diese grundsätzlich neue und verbindliche Leitidee findet ihren Niederschlag an verschiedenen Stellen des KJHG:

Nach § 5 KJHG haben die Leistungsberechtigten, in der Regel also die Eltern, ein Wunsch- und Wahlrecht hinsichtlich der Einrichtungen und Dienste verschiedener Träger und bezüglich der Gestaltung der Hilfe. Auf dieses Recht müssen die Betroffenen ausdrücklich hingewiesen werden. Begrenzt ist das Wunsch- und Wahlrecht, wenn es mit unverhältnismäßigen Mehrkosten verbunden wäre. In § 8 KJHG wird geregelt, daß Kinder und Jugendliche an allen sie betreffenden Entscheidungen der öffentlichen Jugendhilfe zu beteiligen sind. Gemäß ihrem Entwicklungsstand sind ihre Vorstellungen, Meinungen, Ängste und Wünsche ernst zu nehmen, es soll nicht über sie entschieden werden, sondern in partnerschaftlicher Abwägung sollen für alle Seiten akzeptable Lösungen und Perspektiven entwickelt werden.

Nach § 36 KJHG sind die Personensorgeberechtigten und (!) das Kind oder der Jugendliche vor der Entscheidung über die Inanspruchnahme einer Hilfe zu beraten, wobei auf mögliche Folgen für die Entwicklung des Kindes oder des Jugendlichen hinzuweisen ist. Personen, die Leistungen der Jugendhilfe in Anspruch genommen hatten, wurden bisher häufig als Versager und Bittsteller angesehen, nun sind sie Partner mit einem Rechtsanspruch auf Hilfe (Späth, K. 1992, S. 150).

Wenn Hilfe für einen voraussichtlich längeren Zeitraum zu leisten ist, soll in Zusammenarbeit mit den Personensorgeberechtigten und im Zusammenwirken mehrerer Fachkräfte (also im Team) über die im Einzelfall angemessene Hilfeart entschieden werden. Dies gilt insbesondere bei Erziehungshilfen, die außerhalb der eigenen Familie stattfinden, so z. B. bei der Heimerziehung. Aber auch dann, wenn ambulante Erziehungshilfen über einen längeren Zeitraum notwendig werden, ist ein Hilfeplan zu erstellen.

4.2. HILFEPLANUNG

Während nach der früheren Praxis des JWG Maßnahmen der Jugend-
und Erziehungshilfe vielfach mit Eingriffen von außen verbunden waren, hat sich im Kinder- und Jugendhilfegesetz ein Perspektivenwechsel vollzogen. „Nicht mehr der Eingriff in die Familie steht im Vordergrund, sondern Jugendhilfe soll primär fördern und helfen. Beratung
und Kooperation mit dem Hilfeempfänger sind primäre Zielsetzungen" (Münstermann, K. 1993, S. 179).

Die gemeinsame Planung und Abstimmung über Erfordernisse und
Durchführung der Hilfe unterstreicht den Kooperationsgrundsatz im
Umgang mit und in der Leistung von erzieherischen Hilfen. Wenn Hilfe voraussichtlich über einen längeren Zeitraum zu leisten ist, soll die
Hilfeplanung unter partnerschaftlicher Beteiligung der Personensorgeberechtigten sowie der Minderjährigen und unter Hinzuziehung
mehrerer Fachkräfte (ExpertInnenrunde) ablaufen. Unter längerfristi-
gen erzieherischen Hilfen sind insbesondere auch Erziehungshilfen zu
verstehen, die außerhalb der eigenen Familie stattfinden, also beispielsweise in einer Vollzeitpflegestelle oder im Rahmen der Heimerziehung. In solchen Fällen sieht das KJHG (§ 37) eine besonders intensive Zusammenarbeit von Pflegepersonen, den GruppenerzieherInnen
eines Heimes, von gruppenübergreifenden Diensten, den zuständigen
Fachkräften des Jugendamtes und anderen professionellen Kräften
vor, die die jeweilige Situation des jungen Menschen gut kennen und
beurteilen können. Die Personensorgeberechtigten und die Kinder/Ju-
gendlichen sind an diesem Hilfeplanungsprozeß beteiligt. Betroffene
und Fachkräfte sollen in gemeinsamer Abstimmung die bisherige erzieherische Hilfe bewerten, neue pädagogische Notwendigkeiten und
Ziele formulieren sowie Lebensperspektiven herausbilden.
Die Notwendigkeit eines Hilfeplans ist aber keineswegs auf die erzieherischen Hilfen außerhalb der eigenen Familie beschränkt. Münder
versucht den vagen Begriff „für voraussichtlich längere Zeit" zu defi-
nieren, indem er „die jeweilige Zeitperspektive der Minderjährigen"
(1991, S. 69) zum Ansatzpunkt nimmt und an anderer Stelle von einem
„Zeitraum von voraussichtlich mehr als 3 Monaten" (1993, S. 287)
spricht. Damit wären in der Regel alle ambulanten Erziehungshilfen
angesprochen, sofern es sich nicht um kürzere Beratungen handelt.
Eine solche Hilfeplanung wird etwa in folgenden Schritten ablaufen:
Nachdem sich die Personensorgeberechtigten (Eltern) und/oder Minderjährigen mit ihren besonderen Problemen und Hilfebedürfnissen an
das Jugendamt gewandt haben, kommt es zunächst zu einem Bera-
tungsgespräch, bei dem der/die zuständige SozialarbeiterIn umfassend

berät sowie Vorteile und Nachteile der eventuellen Hilfe offenlegt. Sofern die Gewährung einer Hilfe für notwendig gehalten wird und sich alle Beteiligten über Form und Ausgestaltung der Hilfe einig sind, kommt es im nächsten Schritt zu einem Hilfeplanprozeß. Dieser Hilfeplanprozeß besteht in der Regel aus zwei Teilen: dem Fachgespräch und dem Hilfeplangespräch. An dem Fachgespräch, oder der ExpertInnenrunde nehmen neben der zuständigen Fachkraft des Jugendamtes in der Regel weitere JugendamtmitarbeiterInnen sowie VertreterInnen anderer Fachdienste oder Spezialdienste (z. B. PsychologInnen, ÄrztInnen und LehrerInnen) teil. Im Fachgespräch erfolgt eine umfassende Darstellung des Falls und seiner Vorgeschichte, mögliche Ursachen werden erörtert und anschließend über mögliche Interventionen beraten.

„Es erscheint sinnvoll, die Betroffenen nicht grundsätzlich und immer in das Fachgespräch einzubeziehen, sondern die Vermittlung solcher 'Expertenergebnisse' eher dem originären Beratungsprozeß des Sozialarbeiters/in zu überlassen" (Frey, K. 1993, S. 183). Bei dem nun folgenden Hilfeplangespräch sind die Eltern und Minderjährigen jedenfalls zu beteiligen. Insbesondere Entscheidungen über Art und Umfang der zu leistenden Erziehungshilfe sollen von allen Beteiligten mitgetragen werden können und es ist dafür Sorge zu tragen, daß die Interessen und das Lebensumfeld der Eltern und des Kindes angemessen berücksichtigt werden. Die Erziehungshilfe soll außerdem so angelegt sein, daß sie letztlich Hilfe zur Selbsthilfe bedeutet. Somit werden Eltern und Kinder nicht aus ihrer originären Selbstverantwortung entlassen, sondern zur permanenten Kooperation aufgefordert (Frey, K. 1993, S. 178 ff.).

Der Prozeß der Hilfeplanung unterscheidet sich nicht nur im äußeren Ablauf von früheren Formen der Beteiligung bzw. Nichtbeteiligung von Betroffenen. Fundamental gewandelt hat sich deren Stellung, wenn sie erzieherische Leistungen beanspruchen wollen. Früher stammten sie aus Problemfamilien, waren Versager und Bittsteller, denen Hilfen angedroht, verordnet oder mildtätig gewährt werden konnten. Heute sind betroffene Eltern, Kinder und Jugendliche ernst zu nehmende Partner, ohne deren Zustimmung und Mitwirkung keine erzieherische Hilfe zu leisten wäre – dies „bis an die Grenze der Kindeswohlgefährdung" (Jordan, E. 1994, S. 12). Sozialpädagogik kann nicht hierarchisch von oben verordnet werden, die verschiedenen sozialpädagogischen Ziele und Möglichkeiten müssen transparent gemacht und für alle Beteiligten nachvollziehbar und akzeptabel sein, dies wird die Wirkung erzieherischer Hilfen entscheidend beeinflussen (Jordan, E. 1994, S. 17). „Das Herstellen der Betroffenenbeteiligung wird also zu einer pädagogischen Herausforderung innerhalb des Hilfeprozesses und zu einem bedeutenden Qualitätskriterium bei der Beurteilung des Hilfeverlaufs" (Merchel, J. 1994, S. 58). Auch traditionelle Bewertungsmaßstäbe und -verfahren verlieren in einem gemeinsamen und partnerschaftlichen Prozeß der Hilfeplanung ihre Bedeutung. Waren Betroffene früher oft völlig abhängig von psychosozialen Diagnosen außenstehender ExpertInnen, sind sie jetzt aktive TeilnehmerInnen in einem Aushandlungsprozeß. Die Einschätzung eines jeweiligen Ist-Zustandes können sie im Hilfeplan nun selbst wesentlich mitbestimmen, sie können widersprechen, andere Ansichten und Erklärungen fördern und so zu gemeinsam erarbeiteten Lösungsmöglichkeiten und Perspektiven gelangen, die sie als Betroffene mittragen und akzeptieren können, weil sie selbst mitentschieden haben – und nicht über sie entschieden wurde (Merchel, J. 1994, S. 44 ff.).

„Für sozialpädagogisches Handeln ist damit ein fundamentaler Perspektivenwechsel verbunden. An die Stelle der Definitionsmacht sozialer Fachkräfte tritt die Kooperation mit den Betroffenen. Fachlichkeit verwirklicht sich in erster Linie durch die Fähigkeit, die an der Entscheidung beteiligten Menschen mit all ihren Ambivalenzen und Schwächen ernst zu nehmen und sie auch tatsächlich in die Lage zu versetzen, ihre Rechte wahrzunehmen. In dieser Sichtweise ist die Verfahrensgestaltung nicht bürokratischer Selbstzweck, sondern ein wesentliches Mittel zur Verwirklichung grundrechtlich geschützter Positionen der am Verfahren Beteiligten" (Schimke, H.-J. 1994, S. 32).

4.3. KOOPERATION

Der Hilfeplanungsprozeß sieht das Zusammenwirken mehrerer Fachkräfte vor, die als ExpertInnenrunde im Team den jeweiligen Fall aus dem Blickwinkel ihrer unterschiedlichen Profession und der jeweils speziellen Kenntnisse über den jungen Menschen und dessen Umfeld beraten und zu ersten Lösungshinweisen gelangen, die dann gemeinsam mit den Betroffenen auszuhandeln sind. „Das Team erfüllt eine unersetzbare Funktion als kollegiales Fachberatungsgremium zur Qualifizierung des für den Einzelfall zuständigen Sozialarbeiters. In dieser Funktion muß dem Team ein fester Ort im Hilfeplanungsgeschehen zugewiesen werden" (Merchel, J./Schrapper, C. 1994, S. 83). Zu den unterschiedlichen Fachkräften einer solchen ExpertInnenrunde zählen z. B. Erziehungskräfte aus dem Kindergarten oder dem Hort eines Kindes, wenn es sich um Kinder oder Jugendliche im Schulalter handelt, auch deren LehrerInnen, wobei insbesondere die LehrerInnen von Sonderschulen, namentlich solcher zur Erziehungshilfe, zur Kooperation aufgerufen sind.

Damit wäre das prinzipielle Zusammenwirken von Sozialarbeit und Sozialpädagogik mit der Sonderpädagogik angesprochen. Der Kooperationsbedarf läßt sich theoretisch leicht begründen, in der Praxis treten aber dennoch Probleme auf, wenn beispielsweise SonderpädagogInnen und SozialpädagogInnen an einer Schule für Erziehungshilfe zusammenarbeiten sollen (Gruhler, S./Schöpflin, E. 1994, S. 44 ff.). Familie, Kindergarten, Schule aber auch soziale Dienste sind wesentliche Sozialisationsfelder für Kinder und Jugendliche. Wenn wir individuelle Probleme, Schwierigkeiten, Entwicklungsrückstände und Krisen bei Minderjährigen weiterhin symptomorientiert betrachten und damit der Einzelperson schuldhaft zuschreiben, läßt sich ein Zusammenwirken dieser Sozialisationsfelder kaum begründen. Denn pädagogische Interventionen wären dann primär auf das jeweilige Individuum bezogen. Wenn wir allerdings nicht in erster Linie symptomorientiert vorgehen, sondern Gefährdungen, Störungen, Abweichungen und Behinderungen auch als Folge bestimmter familiärer und anderer sozialer Systeme begreifen, zu denen auch die Schule gehört, dann erscheint z. B. eine Kooperation zwischen Schule und Jugendhilfe unumgänglich, um Erkenntnisse auszutauschen und gemeinsam zu nutzen, um gemeinsame Ziele zu erarbeiten und zu realisieren und um vorhandene Ressourcen innerhalb der Systeme aufzuspüren und hilfreich zu verwenden:

„Die Pädagogik bei Lern- und Verhaltensgestörten muß den Bereich der 'Behinderten'pädagogik verlassen und sich als Heil- und Sozialpädagogik begreifen. Das Auseinanderdriften der Spezialdisziplinen Sonderpädagogik und Sozialpädagogik, die sich beide um Hilfe für diese Klientengruppe bemühen, spiegelt den Spezialisierungsprozeß der beiden Teilsysteme Schule und Jugendhilfe wider und ist kontraproduktiv" (Reiser, H. 1993, S. 21).

LITERATUR

Gruhler, S./Schöpflin, E.: Kooperation zwischen Jugendhilfe und Schule für Erziehungshilfe. In: Petermann, U. (Hrsg.): Verhaltensgestörte Kinder. Didaktische und pädagogische Hilfen. Salzburg 1994.
Jordan, E.: Entscheidungsfindung und Hilfeplanung im Kontext des KJHG. In: Institut für soziale Arbeit (Hrsg.): Hilfeplanung und Betroffenenbeteiligung. Münster 1994.

Pädagogik in Bewegung. Integrative Förderung und ganzheitliche Erziehung bei Lern-, Sprach- und Verhaltensstörungen. Prävention – Beratung – Kooperation – Sozialarbeit – Therapie. Dokumentation des 1. Symposiums an der Astrid-Lindgren-Schule. Eschweiler 1993.

5. Vernetzung der Hilfsangebote

Die ambulanten Erziehungshilfen werden in den folgenden Kapiteln in ihren unterschiedlichen Formen und Zielsetzungen isoliert voneinander dargestellt. Dadurch könnte der falsche Eindruck entstehen, daß jede Hilfeform für sich allein und damit unabhängig von den anderen spezielle Methoden anwendet, um zu Erfolgen zu gelangen. In der Tat wurden pädagogische und therapeutische Interventionen im Umgang mit verhaltensgestörten Kindern und Jugendlichen über lange Zeit in dieser Form praktiziert, d. h. in erster Linie symptomorientiert. Die Störungen des einzelnen jungen Menschen und Hilfen zu deren Überwindung standen ganz im Vordergrund.

Die überwiegend symptomorientierten und individuumbezogenen Vorgehensweisen entsprechen jedoch nicht mehr dem heutigen Weltbild der Sozialwissenschaften. Capra spricht hier von einer neuen Sicht der Wirklichkeit, welche auf der Erkenntnis beruhe, „daß alle Phänomene – physikalische, biologische, psychische, gesellschaftliche und kulturelle – grundsätzlich miteinander verbunden und voneinander abhängig sind" (Capra, F. 1983, S. 293). Im Bereich von Pädagogik und Therapie haben sich, auf dieser Sichtweise aufbauend, insbesondere das Verständnis und die Behandlung von Störungen im Verhaltensbereich grundlegend verändert. Der verhaltensgestörte Mensch ist als Symptomträger Teil seiner Familie; er ist Teil eines familiären Systems. Alle Familienmitglieder sind wesentliche Teile ihres Familiensystems, zwischen ihnen spielen sich Aktionen, Reaktionen und Interaktionen ab, die einer ständigen Veränderung unterliegen. Jede einzelne Aktionsform wirkt als Auslöser für andere. Es findet also ein ständiges Agieren, Reagieren und Interagieren statt (Satir, V. 1988, S. 141).

Der systemische oder familientherapeutische Ansatz im Verständnis kindlicher Verhaltensstörungen basiert auf der Annahme, daß Verhaltensstörungen nicht ursächlich allein in der Person des Kindes und dessen defizitärer Entwicklung begründet sind und folglich eine fördernde Erziehung oder therapeutische Intervention die anderen verursachenden Faktoren mit einzubeziehen hat. Das personale Umfeld des Kindes, seine Rollenzuweisung und Rollenübernahme, alle familiären Interaktionen prägten entscheidend den gestörten Entwicklungsverlauf. Das Kind wird sich nur dann nachhaltig ändern können, wenn die Rollenerwartungen und -zuweisungen innerhalb der Familie korrigiert werden können, wenn die einzelnen Familienmitglieder Verhaltensveränderungen nicht nur zulassen, sondern sie infolge eigener Einsicht fördern und auch ertragen können. Familientherapie ist daher im eigentlichen Sinne Systemtherapie, wobei die unterschiedlichen Richtungen dieser Therapie sich in der systemischen Sichtweise treffen. Das verhaltensgestörte Kind ist eingebettet in das lebende System Familie (Henning, E./Knödler, U. 1993, S. 22 f.).

Nun wäre bei Kindern und Jugendlichen, die ambulante Erziehungshilfen in Anspruch nehmen, nicht nur das familiäre System zu berücksichtigen, sondern ebenso das System der praktizierten Erziehungshilfe bzw. die Systeme mehrerer Erziehungshilfen, wenn diese gleichzeitig oder aufeinanderfolgend gewährt werden. Alle mit einem bestimmten Kind befaßten helfenden Systeme müssen miteinander kooperieren, sie bilden im Idealfall ein Netzwerk. Diese Kooperation erscheint nicht nur wesentlich, um Absprachen zu treffen und um widersprüchliches Vorgehen zu vermeiden, sondern auch, weil die Mitglieder aller beteiligten Systeme ihre jeweiligen Aktionen und Reaktionen im konkreten Zusammenhang mit dem Hilfeprozeß verstehen müssen. Auch aus diesem Grund sieht das KJHG bei der Gewährung erzieherischer Hilfen, die voraussichtlich über einen längeren Zeitraum andauern werden, Erziehungskonferenzen vor: Die bereits erwähnten Hilfeplangespräche, an denen neben den Personensorgeberechtigten und dem Kind selbst ein Team von unterschiedlichen Fachkräften zu beteiligen ist. Diese Form vernetzter Kooperation berücksichtigt auch die Leitnorm des KJHG: die Lebensweltorientierung.

> „Lebensweltorientierte Jugendhilfe hat sich als Signal und Titel in den letzten Jahren durchgesetzt, um Ansätze der Kritik und Gegentendenzen zu Entwicklungen zu bezeichnen, die sich im Zeichen spezialisierter Administration und Sozialtherapie durchgesetzt haben; lebensweltorientierte Jugendhilfe meint ihnen gegenüber die ganzheitliche Wahrnehmung von Lebensmöglichkeiten und Schwierigkeiten, wie sie im Alltag erfahren werden" (Thiersch, H. 1992, S. 24).

Zur Lebenswirklichkeit von Kindern und Jugendlichen im Schulalter gehört neben der Familie und der Jugendhilfe als weiterer wesentlicher Sozialisationsbereich die Schule.

Die Schule als System beeinflußt ihrerseits das Familiensystem des verhaltensgestörten Kindes und die Institutionen und Fachkräfte der jeweiligen ambulanten Erziehungshilfe. Die beiden letztgenannten Systeme reagieren wiederum auf die Schule und beeinflussen diese. Innerhalb dieser drei Systeme lebt das verhaltensgestörte Kind. Alle Systeme wollen verändernd auf das Kind einwirken. Wenn sie dabei isoliert vorgehen, sind weitere Schwierigkeiten und pädagogische Mißerfolge zu erwarten. Eine Kooperation zwischen Schule, Familie und

Jugendhilfe setzt nicht nur Absprachen und gemeinsame Zielfindungsprozesse voraus, sondern ebenso das Verständnis, daß die verschiedenen Systeme gemeinsam ein großes Sozialisationsfeld bilden, in welchem die individuellen Handlungen sich ständig wechselseitig beeinflussen. Diesem ständigen Beeinflussungsprozeß ist das verhaltensgestörte Kind ausgesetzt. Eine lebensweltorientierte Kooperation mit systemischer Sichtweise kann dazu beitragen, daß dieser Prozeß wirklich hilfreichen Charakter annimmt. Diese Forderung nach Kooperation gilt entsprechend auch für den Kindergarten und Hortbereich.

LITERATUR

Hennig, C./Knödler, U.: Problemschüler - Problemfamilien. 3. Aufl. Weinheim 1993.

Thiersch, H.: Lebensweltorientierte Soziale Arbeit. Aufgaben der Praxis im sozialen Wandel. Weinheim, München 1992.

Satir, V.: Selbstwert und Kommunikation. Familientherapie für Berater und zur Selbsthilfe. 8. Aufl. München 1988.

Teil B
6. Beratungsstellen für Eltern, Kinder und Jugendliche (Erziehungsberatung)

6.1. GESETZESTEXT

§ 28 KJHG Erziehungsberatung
„Erziehungsberatungsstellen und andere Beratungsdienste und -einrichtungen sollen Kinder, Jugendliche, Eltern und andere Erziehungsberechtigte bei der Klärung und Bewältigung individueller und familienbezogener Probleme und der zugrundeliegenden Faktoren, bei der Lösung von Erziehungsfragen sowie bei Trennung und Scheidung unterstützen. Dabei sollen Fachkräfte verschiedener Fachrichtungen zusammenwirken, die mit unterschiedlichen methodischen Ansätzen vertraut sind."

6.2. ENTWICKLUNG UND AUFGABENBEREICHE DER ERZIEHUNGSBERATUNG

Aufgabe der Erziehungs- und Lebensberatung ist es, Kinder, Jugendliche, deren Eltern und Familienangehörige bei Problemen, Schwierigkeiten und Konflikten in den Bereichen der Erziehung, des Zusammenlebens und bei anderen Lebensfragen und -konflikten zu beraten, Klärungen herbeizuführen, Förderungen zu entwickeln und zu begleiten sowie bei der Entwicklung neuer Lebensperspektiven hilfreich zur Seite zu stehen. Die Arbeit der Beratungsstellen ist zugleich präventiv, es sollen mögliche Gefährdungen in ihrer Entstehung verhindert oder wenigstens verringert werden (Menne, K. 1993, S. 298).

„Für die Erziehungsberatungsarbeit lassen sich grundsätzlich fünf unerläßliche Voraussetzungen für familienunterstützende Leistungen durch Erziehungsberatungsarbeit formulieren:
– der unmittelbare Zugang für Ratsuchende ohne Kostenbelastung,
– der offene Zugang für Ratsuchende unabhängig von ihrer politischen oder konfessionellen Überzeugung,
– die eigene Entscheidung des Ratsuchenden über Annahme des Angebotes sowie über Form und Umfang der Zusammenarbeit,
– der uneingeschränkte Schutz der persönlichen Angelegenheiten des Ratsuchenden jeden Alters vor einer Mitteilung an Dritte

- und die bereits erwähnte Zusammenarbeit im multidisziplinären Team"
(Degner, F. 1993, S. 140).

6.3. Fallbeispiele

6.3.1. Funktionelle und nichtprofessionelle Beratung

Frau Lehmann hat Probleme mit ihrer vierjährigen Tochter, die seit
einigen Wochen nicht mehr alleine in ihrem Zimmer schlafen will. Das
Kind kommt jede Nacht mehrmals weinend ins elterliche Schlafzim-
mer, stört die Nachtruhe von Herrn und Frau Lehmann und will unbedingt im Bett der Eltern schlafen. Der Vater ist über die Eskapaden
seiner Tochter ebenso erzürnt, wie über die Nachgiebigkeit seiner Frau.
Die nächtlichen Störungen und die unerklärlichen Verhaltensweisen
der Tochter waren daher schon Anlaß für zahlreiche Streitgespräche
zwischen den Eltern. In ihrer Not vertraut sich Frau Lehmann einer
guten Freundin an und läßt sich einige Tips geben, wie sie in dieser
Situation mit der Tochter besser zurechtkommen könne.

Frau Lehmann hat zweifellos Erziehungsberatung in Anspruch genommen, allerdings in funktioneller Form. Solche Formen der Beratung in
Erziehungsfragen wären auch von anderen Personen denkbar gewesen, z. B. von den Eltern von Frau Lehmann, von Nachbarn oder –
vielleicht schon etwas professioneller – von der Erzieherin der Kindergartengruppe, die die Tochter besucht. Frau Lehmann hätte auch eine
institutionelle Einrichtung der Beratung aufsuchen können, nämlich
eine Beratungsstelle für Kinder, Jugendliche, Eltern und Familien,
eine Institution, die traditionell als Erziehungsberatungsstelle verstanden wird. Möglicherweise hätte bei dieser institutionellen Beratung
das auffällige Verhalten des Kindes ganz im Vordergrund gestanden.
Vielleicht wäre aber auch ein gravierender Konflikt im Zusammenle-
ben der Eheleute aufgedeckt worden, so daß sich das Hauptaugenmerk
auf Eheberatungsfragen konzentriert hätte. Auf eines weist das Beispiel hin: den Bedarf an Beratungsstellen, die sich nicht nur auf Erziehungsberatung spezialisiert haben, sondern sich als Beratungsstellen
für Eltern, Kinder und Jugendliche verstehen.

6.3.2. Institutionelle und professionelle Beratung

Herr und Frau Kuntze kommen in eine Beratungsstelle, weil sie Sorgen
wegen des starken schulischen Leistungsabfalls ihres Sohnes Bernd haben. Der vierzehnjährige Bernd besucht die 8. Klasse einer Realschule.
Er war bislang immer ein mittelmäßiger Schüler gewesen. Seit einigen

Monaten bringt er schlechte Zensuren nach Hause. Bernd hat enorm viele neue Interessen im Freizeitbereich entwickelt. Nun will er noch in eine Wasserballmannschaft eintreten. Die Eltern haben auf die schlechten Zensuren und auf das mangelnde schulische Interesse ihres Sohnes mit Hausarrest und anderen Einschränkungen reagiert. Sie wollen auf keinen Fall erlauben, daß Bernd durch den Eintritt in die Wasserballmannschaft noch mehr Zeit mit außerschulischen Angelegenheiten verbringt. Bernd reagiert in letzter Zeit zunehmend aufsässig. Er will die Einschränkungen nicht hinnehmen und hat damit gedroht, er werde die Schule verlassen und auf die Hauptschule überwechseln. In mehreren Beratungsgesprächen lernen die Eltern, daß sie mit ihren massiven Verboten und Einschränkungen überreagiert haben. Auch Bernd wird zu den Beratungsgesprächen hinzugezogen. Eltern und Sohn vereinbaren, daß täglich eine festgelegte Zeitspanne für schulische Arbeiten eingehalten werden soll. Wenn Bernd sich in seinen anderen Freizeitaktivitäten etwas einschränkt, dann kann er auch aktiv Wasserball spielen. Es wird außerdem vereinbart, daß Bernd in Mathematik, wo er besondere Wissenslücken aufweist, vorübergehend Nachhilfestunden bekommt. Hier schlägt der Berater einen Nachhilfekreis im Stadtteil der Familie vor.

6.4. ADRESSATINNEN DER ERZIEHUNGSBERATUNG

Nach den sehr detailliert dokumentierten Erfahrungswerten der städtischen Beratungsstellen für Eltern, Kinder und Jugendliche in Stuttgart nehmen Alleinerziehende die Leistungen der Erziehungsberatung überdurchschnittlich häufig in Anspruch. Deren Problembelastung ist nicht allein pädagogisch begründet, denn Alleinerziehende haben auch überdurchschnittlich häufig materielle Sorgen und Nöte. Dagegen kommen Ein-Kind-Familien erheblich weniger als Ratsuchende zu den Beratungsstellen, als dies ihrem zahlenmäßigen Anteil an der Bevölkerung entsprechen würde. Anscheinend sind Familien mit nur einem Kind eher in der Lage, Fragen und Probleme in der Erziehung alleine zu lösen, zu klären und auszuhalten, während sich bei mehreren Kindern Problemlagen oftmals potenzieren. Die Problematik „Trennung und Scheidung" tauchte sowohl als Grund der Inanspruchnahme wie auch während der Beratung immer häufiger auf. Sie spielte im Jahre 1993 bei 22% der beratenen Familien eine problemauslösende Rolle.
Ein gutes Drittel der Eltern zeigte sich in der Beratungssituation sehr unsicher bezüglich des eigenen Erziehungsverhaltens (Landeshaupt-

stadt Stuttgart 1993, S. 8). Sehr informative und aktuelle Daten liegen auch für die Erziehungsberatungsstellen in katholischer Trägerschaft und ergänzend dazu für eine ländliche Erziehungsberatungsstelle vor: In einer Fragebogenaktion wurden bei allen 282 Erziehungsberatungsstellen in katholischer Trägerschaft Daten zur Struktur der Familienformen die Erziehungsberatung in Anspruch genommen hatten und deren Problemlagen aus Beratersicht erhoben. Die Auswertung ergab, daß von 5633 „Fällen" 58% aus einer Kernfamilie stammten. Kinder von Alleinerziehenden waren mit knapp einem Viertel vertreten. Über 80% der Alleinerziehenden hatten eine Trennung oder Scheidung erlebt, über die Hälfte der Alleinerziehenden stand zum Zeitpunkt der Beratung noch in der aktuellen Scheidungs- oder Trennungsphase. Dagegen stellte Trennung oder Scheidung nur bei 3% der Kernfamilien ein aktuelles Problem in der Beratungsphase oder als Beratungsanlaß dar. Aus Beratersicht hatten die Kinder und Familien folgende Probleme:

(1) der überwiegende Vorstellungsgrund waren Leistungsschwierigkeiten des Kindes,
(2) an zweiter Stelle wurden psychische Probleme genannt, darunter auch Ängste und labile Stimmungen,
(3) von großer Bedeutung waren auch Fragen der allgemeinen Erziehung bzw. der Erziehung in besonderen Lebensphasen, so beispielsweise zum Trotzalter, zu Schwierigkeiten von Kindern im Grundschulalter aufmerksam zu sein oder zu psychosomatischen Beschwerden vor allem von Mädchen im Pubertätsalter (Kurz-Adam, M. 1992, S. 551 ff.).

In einer ländlichen Erziehungsberatungsstelle wurden die folgenden Daten zur Vorstellungsproblematik ermittelt (max. 3 Nennungen; Angaben in Prozent):

schulische Leistungsprobleme	31
auffälliges Sozialverhalten	29
aggressive Verhaltensweisen	11
spezielle Ängste	16
körperliche Symptomatik	
(z. B. motor. Auffälligkeiten)	16
psychosomatische Symptome	
(z. B. Einnässen)	11
auffällige Gewohnheiten (z.B. Ticks)	8
Sprachstörungen	8
Suizidgedanken/-versuch	2
Auffälligkeiten im Sexualverhalten	2

Diebstähle	4
sonstige Strafhandlungen	1
Probleme mit Suchtmitteln	3
Psychosen	2
Probleme mit den Eltern	15
Probleme mit Umgangsrechtsregelungen	6
akute Familienkrisen	
(z.b. anläßlich Psychiatrisierung)	11
sonstige (z.b. Lebensberatung für	
Elternteil)	6
allgemeine Erziehungsfragen	
(der Eltern)	22

(Tabelle nach: Liebenow, H. 1993, S. 478).

Zusammenfassend sei nochmals darauf hingewiesen: Alleinerziehende nehmen Beratungsstellen überdurchschnittlich häufig in Anspruch, die Problematik „Trennung und Scheidung" spielt bei dieser Gruppe eine überaus große Rolle als Beratungsanlaß. Familien mit nur einem Kind scheinen Probleme eher selbst lösen zu können, als Familien mit mehreren Kindern. Leistungsprobleme in der Schule stellen das herausragende Motiv für den Besuch einer Beratungsstelle dar, an zweiter Stelle folgen psychische Probleme und Auffälligkeiten im Sozialverhalten. Als Klientel von Erziehungsberatungsstellen galten bislang vor allem Mittel- und Oberschichten (Tabel, G./Walter, F. 1994, S. 75). Die Beratungsstelle als prinzipiell freiwilliges Angebot der ambulanten Jugendhilfe erreichte, so zumindest schien es, eher solche Familien, die in sozial abgesicherten Verhältnissen leben und schon mit einer gewissen Motivation in die Beratungsstelle gelangen.

Dieser weitverbreiteten Ansicht widerspricht jedoch Hundsalz aufgrund eigener Erfahrungswerte und unter Verweis auf andere Untersuchungsergebnisse (1995, S. 235). Es handle sich um ein Vorurteil, die Beratungsstellen würden KlientInnen der Unterschicht sogar überproportional erreichen. Dieses Ergebnis sei „vor allem auf die gute Vernetzung der Einrichtungen mit anderen Diensten der Jugendhilfe und des Gesundheitswesens zurückzuführen" (Hundsalz, A. 1995, S. 235).

Die Begründung bedeutet aber gleichzeitig, daß dieser Personenkreis nun in der Regel nicht aus eigenem Antrieb und Einsicht eine Beratungsstelle aufsucht, sondern mehr oder weniger hierzu aufgefordert wird. Traditionell verfügen Erziehungsberatungsstellen über eine „Kommstruktur". Angesichts der veränderten Aufgabenbeschreibung der Jugendhilfe, die mit ihren Angeboten und Methoden lebensweltorientiert sein soll, wird daher eine zunehmende Veränderung zu einer „Gehstruktur" gefordert, „was nichts anderes heißt, daß oftmals vor

Ort in der Familie, und auch nicht nur während der üblichen Dienstzeiten, sondern auch an Abenden oder an Wochenenden die Hilfe angeboten werden muß. In unserer Gesellschaft ist Familie eben in der Regel nur abends erreichbar, und das wird noch deutlicher, wenn noch mehr Frauen erwerbstätig sind und Beruf mit Familie und Kindererziehung miteinander vereinbaren wollen. Hier muß Erziehungsberatung umdenken, weg von den gut ausgestatteten Beratungs- und Therapieräumen mit 'arztähnlicher Atmosphäre' hin zur Arbeit vor Ort in der Familie, auch in Problemfamilien" (Degner, F. 1993, S. 143). Hundsalz meldet in diesem Zusammenhang allerdings Bedenken an: Beratung brauche oftmals einen geschützten Raum, in dem fernab vom Alltag kreative Prozesse erleichtert würden und innerpsychische Konfliktlagen neutraler betrachtet werden könnten. Viele Familien würden außerdem einen Hausbesuch ablehnen oder sie wären darüber beschämt (1995, S. 217).

6.5. Methoden und Organisation der Erziehungsberatung

6.5.1. Träger der Erziehungsberatung

Im Jahre 1986 waren, bezogen auf die alten Bundesländer, 76% der Einrichtungen in freier Trägerschaft (vor allem Institutionen der evangelischen und katholischen Kirche) sowie 23% in öffentlicher Trägerschaft (Jordan, E./Sengling, D. 1992, S. 122 ff.). Das Engagement der freien Träger hat jedoch nachgelassen. Bis 1992 reduzierte sich in den alten Bundesländern der Anteil der Erziehungs- und Familienberatungsstellen in freier Trägerschaft auf 58%, in den neuen Bundesländern betrug er im gleichen Jahr 46% (Menne, K. 1992, S. 314; Hundsalz, A. 1995, S. 144).

6.5.2. Aufgabenvielfalt

Aufgabe der Beratungsstellen ist zwar vordringlich die Beratung in Erziehungs- und anderen Lebensfragen, sie ist damit aber keineswegs erschöpft. Denn zu der Beratung kommen die Begleitung, die Behandlung und die Intervention auf der Grundlage sozial-, heilpädagogischer und psychotherapeutischer Methoden hinzu. Das in § 1 des KJHG postulierte Recht eines jeden Menschen auf Förderung seiner Entwicklung und auf Erziehung zu einer eigenverantwortlichen und gemeinschaftsfähigen Persönlichkeit gibt den Zweck des Beratungsprozesses vor, nämlich die begleitende Unterstützung bei der Lösung von Erziehungsfragen, von Problemen und von Konflikten. Wesentliches Ziel ist die Hilfe zur Selbsthilfe, eine Abhängigkeit von der beratenden Person und/oder Institution muß daher vermieden werden.

Weitere Aufgabenfelder der Beratungsstellen sind beispielsweise:

(1) Initiierung, Aufbau und Unterhaltung einer kontinuierlichen Kooperation mit anderen psychosozialen, pädagogischen und medizinischen Institutionen der Gemeinde oder des Stadtteils (Schulen, Kindergärten, Gesundheitsamt, ÄrztInnen, Psychiatrie, Jugendheime etc.),

(2) Unterstützung von anderen Institutionen und deren MitarbeiterInnen (Schule, Kindergarten, andere Erziehungshilfeformen) bei besonderen Problemlagen und im Umgang mit Krisen bei Kindern und Jugendlichen,

(3) präventive, auf spezielle Problemfelder des Einzugsbereichs eingehende Maßnahmen der Aufklärung (z. B. themenbezogene Angebote für Schulen und Kindergärten, Veranstaltungen zu allgemeinen pädagogischen Fragen und Öffentlichkeitsarbeit zu den Möglichkeiten, dem Ablauf und der Gestaltungsvielfalt der Arbeit einer Beratungsstelle).

Es wurde bereits darauf hingewiesen, daß das KJHG in den §§ 16-18 und hier insbesondere im § 17 (Beratung in Fragen der Partnerschaft, Trennung und Scheidung) Beratungsaufgaben anführt. Die dort genannte Beratung wird nicht nur von Erziehungsberatungsstellen angeboten, da sie sich mehr an die Lebenssituation von Eltern richtet, die institutionelle Erziehungsberatung hingegen geht darüber hinaus: „Neben den auch an anderen Stellen verankerten Präventionsaufgaben von Beratung tritt hier bei der Erziehungsberatung im Kontext der Hilfe zur Erziehung die Aufgabe der Krisenintervention in den Vordergrund" (Münder, J. u.a. 1993, S. 245). Die Grenzen können jedoch fließend sein, da es durchaus vorkommt, daß eine zunächst vorgesehene funktionelle und mehr allgemeine Beratung nicht ausreicht und eine institutionelle Beratung im Rahmen der ambulanten Erziehungshilfen notwendig wird.

6.5.3. Diagnostik

„Voraussetzung jeder Beratung ist zunächst die gründliche Feststellung der vorliegenden Konflikte. Dies erfordert eine eingehende Anamnese und psychologische Untersuchung und schließt die Bestandsaufnahme der sozialen Verhältnisse mit ein, mit denen die Ratsuchenden leben bzw. aufgewachsen sind. Gegebenenfalls werden ärztliche, psychiatrische oder sonstige Untersuchungen für eine abschließende 'mehrdimensionale Diagnose' herangezogen" (Hauke, H. 1977, S. 66).

Lange Zeit war die Diagnostik ein geradezu hervorstechendes Merkmal im Tätigkeitsfeld der Erziehungsberatungsstellen. Der „Begeisterung über die schöne Diagnose" waren jedoch Grenzen gesetzt, denn jegliche Diagnostik konnte nur von Wert sein, wenn auch daran anschließende Fördermaßnahmen eingeleitet und unterhalten wurden. „Die Diagnostik war aber nicht nur wegen ihrer Unverhältnismäßigkeit und teilweise auch wegen ihrer Unergiebigkeit, sondern sie war ganz grundsätzlich ins Gerede gekommen, und zwar wegen des ihr zugrundeliegenden Störungsverständnisses" (Flügge, I. 1991, S. 3). Denn Verhaltensstörungen und Abweichungen im Entwicklungsverlauf wurden durch die Individualdiagnostik zu einseitig als Störung des Kindes interpretiert.

Sicherlich sind auch für die heutige Praxis der Beratungsstellen das Sammeln von wesentlichen Daten, die Erstellung einer Anamnese und je nach individuellem Fall auch testdiagnostische Verfahren sinnvoll und notwendig. Daten aus der Lebensgeschichte eines Kindes oder Jugendlichen, Informationen über das soziale Umfeld werden benötigt, um Probleme und Krisen besser beurteilen zu können. Mittels testdiagnostischer Verfahren läßt sich zum Beispiel abklären, ob hinter Verhaltensstörungen organische Gründe als Ursache zu vermuten sind. Intelligenztests können Aufschluß darüber geben, ob ein Kind eventuell geistig völlig überfordert ist und deshalb enorme Schulschwierigkeiten hat. Andererseits würde eine durchschnittliche oder überdurchschnittliche Intelligenz belegen, daß vorhandene Leistungsschwierigkeiten in der Schule auf andere Faktoren und Ursachen zurückzuführen sind.

Die Diagnostik braucht jedoch nicht im Vordergrund zu stehen. Erfahrene BeraterInnen sind aufgrund der geführten Beratungsgespräche mit den KlientInnen in der Lage, sich ein Bild zu machen. Aber auch wenn dieses Bild auf professionellen Methoden basiert, ist die Möglichkeit von Mißverständnissen und Fehlinterpretationen gegeben. Eine begleitende Supervision, die solche Fehlerquellen verringern hilft, ist deshalb gerade in Beratungsstellen unerläßlich.

6.5.4. Beratung

Ziel einer Beratung ist, daß die Kommunikation mit professionellen BeraterInnen den KlientInnen neue Informationen vermittelt, Lebenssituationen und einzelne Fakten können neu und anders gesehen und bewertet werden, wenn die Beratung zur Reflexion verhilft. Die Beratung soll lebensweltorientiert sein, dies bedeutet, daß die Ratsuchenden „dort abgeholt werden, wo sie gerade stehen," und daß der Beratungsprozeß die konkreten Lebensbezüge und -situationen der Ratsuchenden berücksichtigt.

Der Beratungsprozeß ist eine personenbezogene Beziehung zwischen BeraterIn und KlientIn.

> „Damit haben wir eine weitere Besonderheit der Beratung in der Erziehungsberatung herausgestellt: sie bedient sich des Mittels der Beziehung zwischen Klient und Berater, um eine 'Klärung' oder 'Lösung' herbeizuführen oder ein 'neues Verständnis zu erarbeiten'. Oder anders ausgedrückt: der Berater oder die Beraterin muß außer der Konzentration auf die innere Welt der Ratsuchenden auch die eigene innere Welt beachten und reflektieren. Die eigenen Empfindungen und Gefühlslagen werden gewissermaßen als Gradmesser für ein neues Verständnis der Welt des Ratsuchenden genutzt" (Hundsalz, A. 1995, S. 165).

Eine Abgrenzung zur Therapie ist nicht immer leicht, die Grenzen zwischen Beratung und Therapie sind verschwommen. Die Beratung wendet sich jedoch primär an Menschen, „die in der Lage sind, ihre Lebenssituation noch eigenständig zu regeln und Verantwortung für ihr Handeln zu übernehmen, während die Therapie sich an Patienten wendet, bei denen der Verlust von Kontroll- und Steuerungsfunktion so groß ist, daß sie ihr Leben nicht ohne schwerwiegende Störungen selbst regulieren können und Hilfe brauchen" (Giese, D./Retaiski, H. 1993, S. 138).

6.5.5. Therapeutische und andere Interventionsmöglichkeiten

6.5.5.1. Methodenvielfalt

Das KJHG geht in § 28 von Fachkräften verschiedener Fachrichtungen aus, die in einer Erziehungsberatungsstelle zusammenarbeiten und mit unterschiedlichen methodischen Ansätzen vertraut sind. Die unterschiedlichen Professionen der in Beratungsstellen Tätigen wie auch spezielle Aus- und Weiterbildungsqualifikationen haben zu einer großen Methodenvielfalt in der Praxis der Erziehungsberatungsstellen geführt.

Grundlage von Beratungen und Therapien sind beispielsweise die Psychoanalyse, die Spieltherapie, die Verhaltenstherapie oder die Familientherapie.

6.5.5.2. Psychoanalytische Orientierung

Traditionell waren Beratungsstellen psychoanalytisch orientiert. Die Sozialwissenschaften reduzieren die menschliche Entwicklung schon lange nicht mehr auf ein bloßes Ineinanderwirken von Anlage und Reifung, sondern sehen sie als „das Ergebnis einer Konvergenz innerer Angelegenheiten mit äußeren Entwicklungsbedingungen" (Stern, W. 1967, S. 26). In Anlehnung an die Freudsche Psychoanalyse und seine Neurosenlehre wurde der frühen Kindheit und unbewußten Motiven eine ungeahnte Bedeutung zugemessen. Die Ursachen vieler oft intensiver und zuweilen lebenslang bestehender psychischer Konflikte und Störungen scheint in der Konvergenz des kleinen Kindes, in der Verstrickung innerer und äußerer Einflüsse angelegt; eine Verstrickung, die in späteren Lebensjahren aufgrund unbewußter Motive und Triebe zu Persönlichkeitsstörungen führen kann.

Psychoanalytisch orientierte BeraterInnen versuchen Verhaltensweisen aus zugrundeliegenden, oftmals unbewußten Motiven zu deuten. Sie beobachten beispielsweise Kinder beim Spielen, interpretieren Zeichnungen, befragen nach Trauminhalten und dergleichen mehr. Ziel dieser psychoanalytischen Vorgehensweisen ist die Bewußtmachung unbewußt gewordener Motive und Regungen. Traumatisierende frühkindliche Lebenserfahrungen, die verdrängt wurden, werden aufgedeckt und ihre Bedeutung für psychisches Erleben und Handeln geklärt. Erst wenn die bewußtgewordenen Faktoren und Erlebnisse auch emotional aufgearbeitet wurden, können aus der Basis so gewonnener Einsichten neue Perspektiven entstehen.

Ursprünglich war die Psychoanalyse ein sehr langwieriges in der Regel zwei bis drei Jahre dauerndes Verfahren. Im Zuge neuer Entwicklungen in der psychoanalytischen Therapie ist es aber möglich – und für die Praxis der Beratungsstellen sinnvoll und notwendig –, den Verlauf zu straffen und damit entscheidend zu verkürzen. Es muß nicht unbedingt die gesamte Persönlichkeit im Blickpunkt der Analyse stehen, es lassen sich auch ein oder mehrere Persönlichkeitsaspekte, die gestört oder fehlentwickelt erscheinen, gezielt psychoanalytisch bearbeiten (Dörner, K./Plog, U. 1984, S. 561 f.). Auf der Grundlage der Psychoanalyse wurden auch unterschiedliche Spieltherapien entwickelt, die sowohl für die Diagnostik als auch für die Verarbeitung von traumatischen Erfahrungen genutzt werden.

6.5.5.3. Gesprächstherapie und Spieltherapie

Während psychoanalytische Verfahrensweisen eine fachliche Führung der BeraterInnen und eine Kontrolle ihrer Interpretationen voraussetzen, verfahren gesprächstherapeutische Ansätze nach anderer Methode. Carl Rogers, der Begründer der Gesprächstherapie, ging von der Grundannahme aus, daß grundsätzlich jeder Mensch zur Selbstheilung in der Lage ist, wenn die entsprechenden Rahmenbedingungen vorhanden sind. Grundlage seiner nicht-direktiven Gesprächstherapie bildet die uneingeschränkte Akzeptanz der KlientIn. Eine emphatische Anteilnahme der TherapeutIn und der Wegfall jeglicher Beeinflussung kann einen Prozeß der Selbsterkenntnis in Gang setzten, der durch das therapeutische „Spiegeln" der Gesprächsinhalte unterstützt wird. Die so gewonnene Selbsterkenntnis kann die Basis für neues psychisches Erleben und Handeln bilden (Rogers, C. R. 1982).

Da die Gesprächstherapie sich nicht für Kinder eignet, übertrug eine Schülerin von Rogers deren Prinzipien (uneingeschränkte Akzeptanz, Nichtbeeinflussung, Atmosphäre des Gewährenlassens, Spiegeltechnik) auf eine nicht-direktive Spieltherapie (Axline, 1984), die zwischenzeitlich in zahlreichen abgewandelten Formen praktiziert wird.

6.5.5.4. Verhaltenstherapie

„Unter Verhaltenstherapie versteht man eine Vielfalt von therapeutischen Methoden, deren Gemeinsamkeit darin besteht, daß sie ihre Entstehung lernpsychologischen Überlegungen verdanken. Es wird nämlich mittels verhaltenstherapeutischer Methoden versucht, unangepaßtes Verhalten verlernen und/oder erwünschtes Verhalten erlernen zu lassen. Dies geschieht durch Methoden, die entweder dem Modell des operanten Konditionierens, dem des respondenten Konditionierens oder dem des Modellernens nachgebildet wurden. Diesem Vorgehen liegt ein Krankheitsmodell zugrunde, das unerwünschtes Verhalten nicht als das Symptom einer ‘tiefer’ liegenden Störung ansieht (medizinisches Modell). Vielmehr wird Verhalten als erlerntes Verhalten angesehen, wobei die Gesetzmäßigkeiten des Erlernen solchen Verhaltens dieselben sind, wie diejenigen aller anderen sogenannter ‘normaler’ Verhaltensweisen" (Jaeggi, E. 1983, S. 1418).

Die Verhaltenstherapie als klinische Methode basiert in ihrer Anwendung auf einer genau analysierten Betrachtung der bisherigen Lerngeschichte. Ihre Durchführung setzt Eindeutigkeit, unbedingte Konsequenz und klare Zielperspektiven voraus. Das Kind wird aus verhaltenstherapeutischer Sichtweise in erster Linie symptomorientiert wahrgenommen; es fehlt zwangsläufig die vorbehaltlose Akzeptanz seiner Gesamtpersönlichkeit. Selbst wenn sich durch systematische Anwendung der verhaltensmodifizierenden Praktiken positive Veränderungen einstellen, ist dennoch daran zu erinnern, daß zwar das Symptom verschwunden ist, die Ursache des Konflikts aber nicht behandelt wurde. Die klassische Verhaltenstherapie ist daher nur bei ganz spezifischen Einzelsymptomen anzuwenden, etwa bei ausgeprägten phobischen Reaktionsweisen. Angebracht können verhaltenstherapeutische Maßnahmen auch bei Kindern oder Jugendlichen mit starker intellektueller Beeinträchtigung sein – was sich durch Trainingsprogramme kompensieren läßt, wie z. B. ein konsequent durchgeführtes Belohnungsverfahren, in welchem erwünschtes Verhalten durch Belohnungen verstärkt wird. In der Regel sind viele verhaltenstherapeutische Elemente in allgemeine heilpädagogische oder andere therapeutische Vorgehensweisen eingebettet.

6.5.5.5. Familientherapie

Während die Verhaltenstherapie Kinder und Jugendliche mit Verhaltensauffälligkeiten als Symptomträger einstuft, gehen systemtheoretische Erklärungsansätze von einer grundsätzlich anderen Sichtweise aus. Die Anhänger und Praktiker familientherapeutischer Verfahren betrachten persönliche Störungen und Gefährdungen nicht in erster Linie persönlichkeitsbezogen und -gebunden, sondern im Kontext der Familie, in der Abhängigkeit familiärer Kommunikations- und Interaktionsstrukturen. Die Familie wird als ein System verstanden, innerhalb dessen jede persönliche Funktion abhängig ist von der Funktion des Gesamtsystems. Das System Familie ist bestrebt, ein inneres Gleichgewicht zu erhalten, die sogenannte Familienhomöostase. Verhaltensauffälligkeiten von Kindern oder Jugendlichen könnten beispielsweise die Folge eines familiären Ungleichgewichtes sein, die Symptome symbolisieren die Einstellung oder Verzerrung ihrer Entwicklung (Satir, V. 1978, S. 12 f.). Da das Auftreten von Symptomen wiederum auf das familiäre Gleichgewicht einwirkt, verändern sich auch die anderen Familienmitglieder. Deshalb richtet sich die Familientherapie grundsätzlich nicht nur an eine Person, sondern zieht die Familie als Ganzheit in den Therapieprozeß ein. „Somit wird der individuumzentrierte Krankheitsbegriff aufgegeben. Die als Patient identifizierte Person ist dasjenige Familienmitglied, das am offensichtlichsten vom Leid familiärer Beziehungen betroffen ist. Der Therapeut sieht sich nicht mehr der klassischen dyadischen Beziehungsstruktur gegenüber, sondern einem ökologischen System" (Paulus, H. 1985, S. 71). Diese Begründung ist nachvollziehbar, denn mit dem Symptomträger wandelt sich auch das Verhalten und die Einstellung der anderen Familienangehörigen. Diese müssen sich wiederum verändern, damit die PatientInnen symptomfrei werden und auch bleiben können.

Die Familientherapie ist in sehr viele unterschiedliche Ansätze und Richtungen aufgesplittert (die hier aber nicht ausführlich dargestellt werden können; einen Überblick bietet v. Schlippe, A. 1984). Sie gehen beispielsweise zurück auf psychoanalytische Theorieansätze, die insbesondere die Qualität der familiären Bindungen in den Vordergrund stellen (Stierlin, H. 1985). Satir zieht ein Wachstumsmodell vor, welches auf der Annahme basiert, „daß das Verhalten der Menschen einem Veränderungsprozeß unterworfen ist und daß dieser Prozeß durch zwischenmenschliche Transaktionen ausgelöst wird" (Satir, V. 1978, S. 205). Eine andere Richtung verfolgt sehr konsequent strukturale und systemische Ansätze (Selvini-Palazzoli, M. u. a. 1977), wenngleich im Grunde alle familientherapeutischen Auffassungen die Familie als Struktur und System begreifen. Ebenso ist die Familientherapie generell eher handlungs- als kommunikationsorientiert.

6.5.5.6. Weitere Therapie- und Förderverfahren

Andere therapeutische und heilpädagogische Ansätze, die von den Beratungsstellen bzw. von angeschlossenen heilpädagogischen Gruppen durchgeführt werden, sind beispielsweise:

(1) psychomotorische Übungsbehandlungen, welche auf den lebendigen Kräften des Kindes aufbauen und durch Bewegungs- und Wahrnehmungserfahrungen positive Motivationen setzen und Lernprozesse initiieren. Angesprochen werden sowohl hyperaktive aber auch sehr zurückhaltende, bewegungsscheue Kinder. Psychomotorische Übungsbehandlungen können ebenso bei dissozialen Kindern bzw. bei solchen mit sozialen Problemen zur Anwendung kommen, da sich Motorik und Verhaltensweisen wechselseitig beeinflussen.

(2) autogenes Training und andere Entspannungsverfahren, wie beispielsweise Techniken der Muskelentspannung, können insbesondere ängstlichen Kindern und solchen mit geringem Selbstwertgefühl dazu verhelfen, ein positives Körpergefühl und Selbstvertrauen zu entwikkeln. Entspannungsverfahren eignen sich auch bei Kindern, die stark verspannt oder angespannt sind, weil sie aus einem konfliktreichen Milieu stammen.

Neben den therapeutischen und heiltherapeutischen Maßnahmen können sozialarbeiterische Hilfen eingesetzt werden, die sich sowohl auf die Einzelperson als auch auf das soziale Umfeld beziehen.
Entsprechend der veränderten Auffassung über die Entstehung von Verhaltensstörungen, Krisen und Konflikten sowie deren Behandlungsmöglichkeiten arbeiten heute die Erziehungsberatungsstellen zunehmend nach systemischen Ansätzen. Sie sind demnach lebensweltorientiert. Diese neuen Ansätze erreichen auch mehr und mehr Familien aus sozial benachteiligtem Milieu, die sich bislang von dieser Form ambu-

lanter Erziehungshilfe weniger angesprochen fühlten (Jordan, E./Sengling, D. 1992, S. 126).

6.6. Fachkräfte in der Erziehungsberatung

Die in § 28 KJHG geforderte Methodenvielfalt der Erziehungsberatung spiegelt sich in den unterschiedlichen Ausbildungsprofilen der dort tätigen MitarbeiterInnen wider. Der Hauptanteil sind PsychologInnen, es folgen SozialarbeiterInnen und SozialpädagogInnen. Diese Berufsgruppen stellen mit 80,5% den größten Anteil an allen Fachkräften. Mit 4,5% vertreten sind HeilpädagogInnen, es folgen Kinder- und JugendlichentherapeutInnen mit 4,3% und DiplompädagogInnen mit 4%. Nur 1,2% der hauptberuflichen MitarbeiterInnen von Beratungsstellen sind ÄrztInnen, die ansonsten vor allem nebenamtlich mit Beratungsstellen kooperieren (Menne, K. 1992, S. 315).

Literatur

Hundsalz, A.: Die Erziehungsberatung. Grundlagen, Organisation, Konzepte und Methoden. Weinheim, München 1995.
Jordan, E./Sengling, D.: Jugendhilfe. Einführung in Geschichte und Handlungsfelder, Organisationsformen und gesellschaftliche Problemlagen. 2. überarb. Aufl. Weinheim, München 1992.
Menne, K.: Allgemeine Erziehungs- und Familienberatung. In: Blandow, J./Faltermeier, J. (Hrsg.): Erziehungshilfen in der Bundesrepublik Deutschland. Stand und Entwicklungen. Frankfurt a. M. 1989.

7. Soziale Gruppenarbeit

§ 29 KJHG Soziale Gruppenarbeit
„Die Teilnahme an sozialer Gruppenarbeit soll älteren Kindern und Jugendlichen bei der Überwindung von Entwicklungsschwierigkeiten und Verhaltensproblemen helfen. Soziale Gruppenarbeit soll auf der Grundlage eines gruppenpädagogischen Konzepts die Entwicklung älterer Kinder und Jugendlicher durch soziales Lernen in der Gruppe fördern."

7.2. ENTWICKLUNG UND AUFGABENBEREICHE DER SOZIALEN GRUPPENARBEIT

Die Soziale Gruppenarbeit ist neben der sozialen Einzelfallhilfe und der sozialen Gemeinwesenarbeit eine der drei Hauptmethoden der Sozialarbeit. Soziale Gruppenarbeit kann für unterschiedliche sozialpädagogische, sozialarbeiterische, heilpädagogische und therapeutische Aufgabengebiete und Zielsetzungen eingesetzt werden. Die Übergänge zur Gruppentherapie sind fließend. Die Soziale Gruppenarbeit will durch das Medium Gruppe die Schwierigkeiten und Probleme einzelner Individuen lindern bzw. lösen (Pfaffenberger, H. 1970, S. 1039). Die Soziale Gruppenarbeit ist eine nach dem zweiten Weltkrieg aus den Disziplinen Sozialarbeit und Sozialpädagogik hervorgegangene Methode, die im Bereich der Jugendhilfe schon lange praktiziert wird und sich als eine Möglichkeit des sozialen Lernens bewährt hat.

7.3. FALLBEISPIEL

Der fünfzehnjährige Peter besucht die achte Klasse einer Sonderschule für Lernbehinderte. Von seinen Leistungen her ist er dort ein mittelmäßiger Schüler. In den letzten Monaten ist er jedoch häufig durch sein Schuleschwänzen aufgefallen, wie auch generell sein Interesse am Schulgeschehen stark zurückgegangen ist. In einem Gespräch zwischen dem Klassenlehrer und den Eltern von Peter stellt sich folgender

Sachverhalt heraus: Die Familie wohnt in sehr bescheidenen Verhältnissen, der Vater ist langzeiterkrankt und daher Frührentner. Peter hat so gut wie keine Freunde. Den ganzen Tag verbringt er am liebsten mit Fernsehen und mit Videos anschauen. Das dauert dann oft bis in späte Nachtstunden hinein. Am nächsten Morgen ist Peter dann zu müde, um die Schule zu besuchen. Die Eltern finden dies auch nicht richtig, scheuen aber – auch aus gesundheitlichen Gründen – die Auseinandersetzungen mit ihrem Sohn. Auf Vermittlung des Lehrers nimmt Peter an einer Maßnahme der örtlichen Sozialen Gruppenarbeit teil. Eine Gruppe von sieben lernschwachen SchülerInnen im Alter von 14 - 17 Jahren bilden zusammen mit einem Sozialarbeiter eine Videoprojektgruppe. Die Jugendlichen treffen sich an zwei Nachmittagen in der Woche und werden mit der Videotechnik vertraut gemacht. Da alle Gruppenmitglieder ähnliche Lerngeschwindigkeiten und Lernverständnisse aufweisen, braucht sich niemand im Abseits zu fühlen. Nachdem die Grundkenntnisse vermittelt wurden, werden zunächst Rollenspiele aufgenommen, in denen die Jugendlichen ihre eigene Lebenssituation spielerisch darstellen. Die Videoaufnahmen werden dann sowohl von der Technik, aber auch von der inhaltlichen Seite her analysiert und diskutiert. Für die Sommerferien plant die Gruppe mit finanzieller Unterstützung des Jugendamtes eine zweiwöchige Campingreise nach Ungarn. Sie wollen auch dort Videofilme drehen, unter dem Thema: Wie ist die Freizeitsituation von Jugendlichen in Ungarn?
Seit Peter in der Videogruppe ist, hat sein Interesse für die Videoarbeit enorm zugenommen. Daher ist er auch sehr motiviert, an der Sozialen Gruppenarbeit regelmäßig teilzunehmen. Er fühlt sich in der Gruppe nicht nur gut aufgehoben und anerkannt, er hat zum ersten Mal auch klare Perspektiven vor Augen. Der häusliche Videokonsum ist dagegen sehr zurückgegangen. Peter geht wieder regelmäßig zur Schule und berichtet dort – selbstbewußter geworden – von seinen neuen Erfahrungen.

7.4. ADRESSATINNEN DER SOZIALEN GRUPPENARBEIT

Die Zielgruppe der Sozialen Gruppenarbeit sind ältere Kinder (etwa 12-14 Jahre) und Jugendliche mit abweichenden Entwicklungsverläufen und/oder Verhaltensstörungen. Oftmals handelt es sich um Kinder und Jugendliche, die erhebliche schulische Leistungsschwierigkeiten haben und entsprechende Defizite aufweisen. Diese Zielgruppe gehört in der Regel eher unterprivilegierten Bevölkerungsschichten an und lebt häufig in sogenannten sozialen Brennpunkten. Prinzipiell ist Soziale Gruppenarbeit ein freiwilliges Angebot ambulanter Erziehungshilfe. Die Familien der angesprochenen Kinder und Jugendlichen bieten in der Regel nachteilige Bedingungen für Erziehungs- und Sozialisationsprozesse, oftmals können sie keine Orientierungen und Perspektiven vorgeben. Schlechte Wohnverhältnisse, geringes Einkommen, Langzeitarbeitslosigkeit und damit verbundene materielle und soziale Probleme werden in den Familien häufig angetroffen. Das familiäre Beziehungsnetz wird jedoch noch als tragfähig angesehen, so daß ein Verbleib des Kindes oder Jugendlichen in der Familie möglich und sinnvoll erscheint (Jordan, E./Sengling, D. 1992, S. 161).

7.5. Organisation und Methoden der Sozialen Gruppenarbeit

Soziale Gruppenarbeit wird sowohl von den öffentlichen Trägern der Jugendhilfe angeboten und ist dann beispielsweise beim ASD angesiedelt oder sie wird von den Trägern der freien Jugendhilfe, von Kirchen und anderen Wohlfahrtsverbänden, praktiziert. Soziale Gruppenarbeit gilt als Methode, der Vereinzelung und Perspektivlosigkeit eines gefährdeten, sozial auffälligen und benachteiligten jungen Menschen mit gruppenpädagogischen Angeboten und Zielen entgegenzuwirken. Geißler nennt als die drei wichtigsten Voraussetzungen der Gruppenbildung: Motivation, Kommunikation, gegenseitige Anerkennung (Geißler, E. E. 1975, S. 295).
Motivation ist für die TeilnehmerInnen der Sozialen Gruppenarbeit wesentlich, um erst einmal einen Zugang zu ihr zu finden, um Aufforderungen nachzukommen und auch regelmäßig zu erscheinen. Die Inhalte und Ziele der freiwilligen Maßnahme müssen daher die Interessen des jeweiligen jungen Menschen berücksichtigen bzw. neue Interessen wecken können. Motivation hängt aber auch von der Gruppenzusammensetzung und von den angetroffenen Rahmenbedingungen ab.
Die vorherrschende Kommunikation beeinflußt die Motivation. Funktionierende Kommunikationsformen setzen ähnliche Erfahrungsfelder, Handlungen und Zielvorstellungen innerhalb der Gruppe voraus. Die gegenseitige Anerkennung wiederum unterstützt eine positive Kommunikationsstruktur, ebenso wie eine gemeinsame Erarbeitung und Realisierung von Zielen ein echtes „Wir-Gefühls" entstehen lassen kann.
Erwachsene fördern eine positive Gruppenentwicklung durch:

(1) Achtung vor und Wärme mit den Kindern und Jugendlichen,
(2) einfühlendes Verstehen,
(3) Echtheit im Erwachsenenverhalten (Tausch, R./Tausch, A.-M. 1979, S. 278 f.).

Gerade Kinder und Jugendliche mit ausgeprägten Schwierigkeiten in ihrem bisherigen Lebensverlauf benötigen Erwachsene, die ihnen mit Achtung begegnen. Vorurteile und vorschnelle Ablehnung der eigenen Person mußten diese jungen Menschen allzuoft erfahren. Häufig blieb ihnen kaum etwas anderes übrig, als mit Auflehnungen, Frustrationen, Resignationen oder mit dem Übertreten von Regeln zu reagieren.

Echte Wärme und Anteilnahme durch Fachkräfte der Sozialen Gruppenarbeit werden es ermöglichen, einen wirklichen Zugang zu dem jungen Menschen zu finden, der sich erst dann anvertrauen kann und auch offener wird, wenn er sich angenommen und auch gemocht fühlt. Einfühlendes Verstehen ist Voraussetzung einer angemessenen Diagnose. SozialarbeiterInnen und SozialpädagogInnen müssen daher ihre Sensibilität und Empathie schulen und durch Supervision unterstützt werden. Nur wenn bei den Kindern und Jugendlichen innerhalb der Sozialen Gruppenarbeit das Gefühl entsteht, wirklich verstanden zu werden, macht es für sie Sinn, dabei zu bleiben und weitere Motivation zu entwickeln.

Ebenso notwendig brauchen die jungen Menschen Erwachsene als Bezugspersonen, die in ihrem Verhalten glaubwürdig sind und Gefühle und Haltungen nicht vortäuschen. Unechtes Verhalten würde sich zumindest unbewußt offenbaren. Erwachsene, die in der Gruppenarbeit ihre soziale Rolle authentisch ausüben, können wichtige Orientierungen abgeben und wesentliche Prozesse der Identifikation auslösen.

Viele der heranwachsenden Kinder und Jugendlichen konnten bislang niemals die Erfahrung einer schützenden sozialen Gruppengemeinschaft machen. Die von Fachkräften geleitete Gruppe kann Einfluß auf individuelle Veränderungen nehmen.

„Über die Gruppenerfahrungen soll dem Gruppenmitglied geholfen werden, Fähigkeiten zu entwickeln, sein Selbstbild und seine Perspektiven zu verändern, seine Konflikte zu lösen und neue Verhaltensmuster einzuüben. Gruppenarbeit hat darüber hinaus den Anspruch, daß positive Grunderfahrungen in der Gruppe erfolgreiche Verhaltensänderungen des Gruppenmitglieds auf Dauer stabilisieren und auf andere wichtige Sekundärbereiche (Lebensbereiche) übertragen werden können" (Goll, D. 1993, S. 154).

Die soziale Gruppenarbeit umfaßt in der Regel einen Zeitraum von sechs bis zwölf Monaten bei durchschnittlich vier Stunden pro Woche (Münder, J. u.a. 1993, S. 250). Ergänzt werden diese Zeitvorgaben häufig durch zwei- bis dreiwöchige Gruppenfahrten während der Ferienzeiten. „Die Methoden der Gruppenarbeit sind 'Gestaltung - Bewegung - Spiel - Projekt'" (Hofacker, S. 1993, S. 146).

So dient die Soziale Gruppenarbeit in der Hauptsache drei Zwecken:

(1) der Bildung und Erziehung (Gruppenpädagogik),
(2) der Wiederherstellung und Heilung (sozialtherapeutische Gruppenarbeit),
(3) der Teilhabe am gesellschaftlichen Leben (Gemeinwesenarbeit)
(Goll, D. 1993, S. 154 f.).

7.6. FACHKRÄFTE IN DER SOZIALEN GRUPPENARBEIT

Die Soziale Gruppenarbeit könnte von Außenstehenden auf den ersten Blick möglicherweise als „bloße Freizeitveranstaltung" mißverstanden werden. Zielsetzung der Sozialen Gruppenarbeit ist es jedoch, die Probleme einzelner Gruppenmitglieder zu bearbeiten. Diese Form der ambulanten Erziehungshilfe sollte daher von Personen ausgeübt werden, die über entsprechende Qualifikationen verfügen (Krüger, R./ Zimmermann, G. 1991, S. 260). Als solche grundlegenden professionellen Fähigkeiten werden genannt:

„1. Die Fähigkeit des diagnostischen Denkens in den verschiedenen Stadien der Gruppenentwicklung (psychosoziale Diagnose/Lerndiagnose/Problemanalyse);
2. Die Fähigkeit zum Setzen von Zielen (Behandlungsziel, Lernziel, Arbeitsziel);
3. Die Fähigkeit zur Beziehungsgestaltung (dazu gehören in der Kinder- und Jugendarbeit auch Liebe und Begeisterungsfähigkeit, Wertschätzung, Toleranz, das Sicheinlassen auf die menschlichen Schwächen und Schwierigkeiten der Kinder und die damit verbundene Bereitschaft zur Auseinandersetzung);
4. Die Fähigkeit zum disziplinierten Gebrauch seiner selbst (die Gruppe nicht für seine persönlichen Bedürfnisse mißbrauchen),
5. Die Fähigkeit zur Anleitung und Reflexion des Gruppenprozesses (beobachten/lenken/animieren/kooperieren/spiegeln/überschauen/konfliktesteuern etc.);
6. Die Fähigkeit zur Programmgestaltung (kreative Medien, Spiel, Tanz, Musik, schöpferisches und produktives Tun, Aktion, Gespräch, Geselligkeit, Spaß, Unternehmungen aller Art, Gestalten von Festen und Feiern)"
(Goll, D. 1993, S. 155).

Aufgrund dieses Profils professioneller Qualifikationen sind in erster Linie SozialarbeiterInnen und SozialpädagogInnen für die Leitung Sozialer Gruppenarbeit geeignet.

7.7. SOZIALE GRUPPENARBEIT UND ERLEBNISPÄDAGOGIK

In den letzten Jahren sind vielfältige Erfahrungsberichte über erlebnispädagogische Projekte in der Arbeit mit verhaltensauffälligen und oftmals äußerst schwierigen Jugendlichen bekannt geworden, die in der Regel dem Bereich der Heimerziehung oder spezieller der Intensiven sozialpädagogischen Einzelfallhilfe zuzuordnen sind (z. B. Andorff, J. 1988; Sommerfeld, P. 1993). Es liegen jedoch auch einzelne Erfahrungen mit Erlebnispädagogik im Rahmen der Sozialen Gruppenarbeit vor.

Das Medium „soziale Gruppe" ist hier gewissermaßen in ein weiteres Medium eingebettet: in intensive Erlebnisse, die sowohl das einzelne Gruppenmitglied wie auch die ganze Gruppe berühren und motivieren. Die Erlebnispädagogik versetzt die TeilnehmerInnen in Erfahrungswelten, die den Einzelnen und die Gruppe gänzlich fordern. Erfahrungswelten, in denen es gelingt, fernab vom technisierten Konsumerleben, die individuellen Möglichkeiten aber auch Grenzen kennenzulernen. „Solchen Zielen entsprechen vor allem erlebnisgewährende Medien: die Natur (Verbindung von körperlicher und äußerer Natur, daher Natursport); handwerkliche, aber auch berufliche Elemente der 'lernenden Arbeit'; künstlerisch-kreative und musische Erfahrungsprozesse, in all denen die eigene Aktivität und Handlung als Erfahrungsvoraussetzung besondere Bedeutung vor Theorie und Vermittlung besitzen" (Bauer, H. G. 1993, S. 288).

Erlebnispädagogische Gruppenprojekte betonen und befriedigen jugendliche Abenteuerlust und bieten zugleich Wege, Erlebnisfähigkeit wieder herzustellen oder erstmals zu lernen. Die Beziehungen innerhalb der Gruppe erhalten einen neuen Stellenwert, weil nur eine gut funktionierende Gruppe ein Ziel gemeinsam erreichen kann. „In der Gruppe kommt es zum Aufbau, zur Erprobung und Entfaltung sozialer Kompetenzen: gegenseitige Unterstützung, Anerkennung, Kooperation" (Theunissen, G. 1992, S. 166).

Das Lernen in den erlebnispädagogischen Projekten unterscheidet sich deutlich vom bisherigen Lernen, vor allem vom Lernen in der Schule. Denn nun ist es ein situationsorientiertes Lernen, ein Lernen durch unmittelbare Beobachtung und im konkreten Lebenszusammenhang, somit ein Lernen mit Herz und Hand (Ziegenspeck, J. 1986). Im Rahmen solcher erlebnispädagogischer Maßnahmen in abgeschiedener Natur scheinen noch andere Faktoren zum Tragen zu kommen. Viele Jugendliche erleben bei solchen Aufenthalten zum ersten Mal in ihrem Leben den intensiven Umgang mit „archaischen" Lebenselementen, mit Feuer, Wasser und Erde. Sie haben Natur vor Augen und können sich ihrer bedienen: zum Feuermachen, zur Obsternte, zum Herumtoben, zum Erobern. Zur täglichen Lebensbewältigung sind körperliche Anstrengungen notwendig. Körperkraft kann sinnvoll eingesetzt werden. Wir wissen aus anderen Therapien, daß der Umgang mit form- und bildbaren Naturmaterialien heilsam wirken kann. Insofern gewinnen das gesamte Umfeld und das eigene aktive Handeln therapeutischen Charakter, der durch positive gruppendynamische Abläufe unterstützt und ermöglicht wird.

Erlebnispädagogische Inhalte und Ziele können auch in die Soziale Gruppenarbeit vor Ort eingebettet sein. Denkbar sind beispielsweise:

(1) intensive Naturerfahrungen durch Anlegung eines Gartens, eines Biotops,
(2) Erschließung neuer Lebenswelten durch den intensiven Umgang mit und die Pflege von Tieren,
(3) Mitarbeit der Gruppe auf einem Bauernhof, der nach ökologischen Prinzipien, also im Einklang mit der Natur, wirtschaftet.

Neben solchen beständigen Angeboten innerhalb der Region sind auch kurz- bis längerfristige Reiseprojekte realisierbar:

(1) sozialpädagogische/soziatherapeutische Segelschiffahrten für mehrere Wochen,
(2) Work- und Aufbaucamps in fernen Ländern,
(3) Fahrten und Aufenthalte in zivilisationsferne Naturräume, abseits vom Massentourismus, wie z.b. längere Aufenthalte der Gruppe in einsamen Berghütten.

Nicht nur aus dem originären Bereich der Jugendhilfe liegen positive Erfahrungen der Verknüpfung von Sozialer Gruppenarbeit und Erlebnispädagogik vor. So berichtet beispielsweise ein Lehrer einer Sonderschule von Klassensegelschiffahrten mit verhaltensauffälligen SchülerInnen vor der niederländischen Küste: „Nach zwei Segelfahrten mit Schülern der Schule für Erziehungshilfe zeigte sich im Anschluß an den Segeltörn eine positive Veränderung bei den Schülern im Miteinander von Mitschülern und Lehrern, aber auch im Hinblick auf eine eher annehmende Einstellung zur Schule und zum Lernen" (Schütt, J. 1994, S. 209).
Zur Erinnerung: Es handelt sich bei der Erlebnispädagogik um ein Me-

dium, das die Rahmenbedingungen setzt, um pädagogische Prozesse zu fördern und aufrecht zu erhalten. Die Erlebnispädagogik ist keinesfalls ein „Selbstläufer", es werden Fachkräfte benötigt, die es verstehen, mit unterschiedlichen pädagogischen/therapeutischen Methoden dieses Medium zu nutzen. (Zu weiteren Aspekten der Integration erlebnispädagogischer Elemente in Maßnahmen der ambulanten Erziehungshilfen siehe Kapitel 11.)

7.8. SOZIALE GRUPPENARBEIT/SOZIALE TRAININGSKURSE

Die Begriffe Soziale Gruppenarbeit und Soziale Trainingskurse werden oft synonym verwandt (z. B. Hofacker, S. 1993, S. 144). Die Sozialen Trainingskurse sind als Alternative zu repressiven Maßnahmen des Jugendgerichtsgesetz entstanden. Das Jugendgericht kann bei straffällig gewordenen Jugendlichen beispielsweise von der Verhängung eines Jugendarrests absehen und die Teilnahme an einem Sozialen Trainingskurs anordnen. „Unter dem Begriff der Erlebnisorientierung sind hier Projekte von motorradfahrenden Jugendgruppen, Kanufahrten aber auch sozialpsychologisch orientierte Gruppen mit dem Ziel der Bewältigung von eigenen Gewalterfahrungen entstanden" (Möller, W./Nix, C. 1991, S. 30 f.). Wenngleich die Methoden der Sozialen Trainingskurse mit denen der Sozialen Gruppenarbeit größtenteils identisch sein können, gibt es dennoch ganz erhebliche Unterschiede zwischen diesen beiden Angeboten sozialer Hilfe. Die Teilnahme an der Sozialen Gruppenarbeit ist prinzipiell auf Freiwilligkeit angelegt, bei den Sozialen Trainingskursen besteht eine Weisung des Jugendgerichts. Eine Mischung beider Gruppierungen erscheint aus Gründen der unterschiedlichen Vorerfahrungen und Motivationen an der Teilnahme bedenklich. Daher empfehlen Münder u. a. „die soziale Gruppenarbeit als ein jugendhilfespezifisches Angebot zu profilieren und von den sozialen Trainingskursen abzugrenzen" (1993, S. 251).

LITERATUR

Goll, D.: Soziale Gruppenarbeit als ambulantes Hilfsangebot des Jugendamtes. In: Soziale Arbeit. 42. Jg. 1993. H. 5, S. 153-159.
Schütt, J.: Segeln mit verhaltensauffälligen Schülern. In: Benkmann, K. H./Saueressig, K. (Hrsg.): Fördern durch flexible Erziehungshilfe. Dortmund 1994.

8. Erziehungsbeistand, Betreuungshelfer

§ 30 KJHG Erziehungsbeistand, Betreuungshelfer
„Der Erziehungsbeistand und der Betreuungshelfer sollen das Kind oder den Jugendlichen bei der Bewältigung von Entwicklungsproblemen möglichst unter Einbeziehung des sozialen Umfelds unterstützen und unter Erhaltung des Lebensbezugs zur Familie seine Verselbständigung fördern."

8.2. Entwicklung und Aufgabenbereiche der Erziehungsbeistandschaft und des Betreuungshelfers

Das alte JWG sah die Erziehungsbeistandschaft als eine Form ambulanter öffentlicher Erziehungshilfe vor, die noch vor der Freiwilligen Erziehungshilfe und der Fürsorgeerziehung verankert war und damit oftmals als eine (letzte) pädagogische Eingriffsmöglichkeit vor der Heimerziehung verstanden wurde. Sie war legitimiert bei einer drohenden oder bereits vorhandenen Gefährdung des Kindes oder Jugendlichen und bei schon feststellbarer Entwicklungsschädigung.
Die Erziehungsbeistandschaft ist von ihrem Selbstverständnis her eine freiwillige ambulante Form der Erziehungshilfe. Sie kann allerdings im Rahmen des Jugendgerichtsgesetzes auch als Erziehungsmaßregel richterlich angeordnet werden. Jugendrichter haben hiervon in den letzten Jahren allerdings immer weniger Gebrauch gemacht. Von der Fachöffentlichkeit wird auch gefordert, auf diese Anordnungsmöglichkeit im Jugendgerichtsgesetz (JGG) ganz zu verzichten, da sie dem Charakter einer auf Freiwilligkeit angelegten pädagogischen Maßnahme nicht entspricht (Münder, J. u.a. 1993, S. 253 f.).
Ähnlich verhält es sich mit dem Institut des „Betreuungshelfers", das ursprünglich nur im JGG als Maßnahme für straffällig gewordene Jugendliche vorgesehen war und nun „unglücklicherweise" zusammen mit der Erziehungsbeistandschaft in einen Paragraphen des KJHG gefaßt wurde. Auch wird gefordert, auf Betreuungshilfe im KJHG ganz zu verzichten und sie dort zu belassen, wo sie sich bewährt hat, nämlich im JGG (Gebert, A./Schone, R. 1993, S. 17 f.).

Gemäß dem KJHG definiert sich die Aufgabe der Erziehungsbeistandschaft als pädagogische bzw. als sozialarbeiterische Hilfe bei Problemen in der Entwicklung junger Menschen, die diese alleine oder innerhalb ihrer Familie nicht befriedigend lösen können. Dabei sind Entwicklungsförderungen und erzieherische Hilfen lebensweltorientiert anzulegen, damit die Minderjährigen von ihren sozialen Bezügen nicht isoliert werden. Die systemische und lebensweltorientierte Vorgehensweise betont das Verhältnis der Erziehungsbeistandschaft zu Eltern und Familie. Eine empirische Untersuchung belegte, daß 19% des Arbeitsaufwands der Erziehungsbeistandschaft sich auf die Eltern bezog und 24% auf die Gesamtfamilie (Schone, R. 1988, S. 109). „Die klassische Aufgabe der Erziehungsbeistandschaft besteht darin, Eltern bei der Erziehung zu unterstützen, Kindern oder Jugendlichen mit Rat und Hilfe, quasi als institutionalisierter Freund zur Seite zu stehen." (Möller, W./Nix, C. 1991, S. 72 f.) Die im Gesetz vorgesehene Hilfe zum Selbständigwerden richtet sich naturgemäß vor allem an ältere Jugendliche, jedoch reicht die Altersspanne der Minderjährigen, die im Rahmen der Erziehungsbeistandschaft betreut werden, von 9 bis 16 Jahren.

8.3. FALLBEISPIEL

Der sechzehnjährige Hans besucht die Abschlußklasse der Hauptschule. Seine schulischen Leistungen sind durchschnittlich. Der Klassenlehrer von Hans bittet dessen Eltern zu einem Gespräch. Ihm sei aufgefallen, daß der Junge oft viel zu spät zum Unterricht erscheine, daß er in den Schulpausen andere Mitschüler sehr aggressiv angehe und sich mehrmals ein Mofa ausgeliehen habe, obwohl Hans noch keinen Führerschein besitzt. Die Mutter, die alleine zu dem Gesprächstermin erschienen ist, bestätigt den Eindruck des Klassenlehrers sofort. Ihre Kernaussage ist: „Wir werden mit Hans alleine nicht mehr fertig." Sie erzählt, daß seit ungefähr zwei Jahren der Junge sich negativ verändert habe. „Er weiß überhaupt nicht was er will, hilft zu Hause nie, hat völlig überzogene Ansprüche und keine Ahnung, was er einmal beruflich machen will." Sie müsse sich vor allem um die beiden jüngeren Geschwister kümmern, außerdem habe sie eine Halbtagsstelle als Verkäuferin. Ihr Mann arbeite in Wechselschicht, da gebe es oft Probleme, wenn Hans die Musik zu laut aufdrehte, obwohl der Vater gerade schläft. Das Verhältnis zwischen Vater und Sohn sei sehr gespannt, es komme auch vor, daß Hans Prügel bezieht, besonders wenn der Vater

Alkohol getrunken habe. In der letzten Zeit ist den Eltern aufgefallen, daß ihr Sohn teure Markenkleidung trägt, die er offensichtlich in Geschäften entwendet hat.

Der Lehrer vermittelt einen Kontakt zwischen den Eltern und dem zuständigen Bezirkssozialarbeiter des Jugendamtes. Er führt auch ein ausführliches Gespräch mit Hans. Dieser fühlt sich total unverstanden, seine Mutter habe wenig und sein Vater überhaupt keine Zeit für ihn. Mit Erwachsenen habe er noch nie über seine Probleme reden können. Der Sozialarbeiter schlägt Hans vor, einmal einen Kollegen von ihm kennenzulernen. Dieser könne eine Erziehungsbeistandschaft für ihn wahrnehmen. Hans kann mit diesem Begriff nichts anfangen. Trotz seiner Skepsis ist er zu einem Gespräch bereit. In diesem Gespräch begegnet der Junge einem Sozialarbeiter, der vorschlägt, er könne für einen längeren Zeitraum als Ansprechpartner in allen Alltagsfragen und -problemen zur Verfügung stehen. Auch mit den Eltern führt der Sozialarbeiter ein Gespräch und bietet an, sie zukünftig in den Fragen der Erziehung ihres Sohnes beraten zu wollen. Alle Beteiligten einigen sich schließlich auf folgende vorläufige Planungsschritte einer Erziehungsbeistandschaft:

(1) Hans wird den Sozialarbeiter an zwei festgelegten Nachmittagen in der Woche treffen. Hierbei wird er über seinen Alltag und insbesondere über Probleme reden können.

(2) Dabei sollen vor allem die Berufswahl und Berufsmotivation aber auch andere Lebensperspektiven angegangen werden. So ist zum Beispiel die Frage zu klären, ob Hans den Mofaführerschein machen kann und wie er einen Job findet, um ihn zu bezahlen. Außerdem will der Sozialarbeiter sich um den Freizeitbereich des Jungen kümmern. Möglicherweise könne Hans sich an einer Jugendfreizeit im Sommer und später an einer Maßnahme der Sozialen Gruppenarbeit beteiligen.

(3) Mit den Eltern von Hans will der Sozialarbeiter mindestens zweimal im Monat einen Gesprächstermin festlegen, an denen er zu ihnen nach Hause kommt. Hierbei sollen alle Fragen bei der Erziehung von Hans, insbesondere auch das Verhältnis zu den Eltern und Geschwistern erörtert werden.

(4) Bei aktuellen Problemen und/oder einem dringenden Gesprächsbedarf kann Hans auch kurzfristig mit dem Sozialarbeiter in Kontakt treten. Dieses Angebot gilt ebenso für die Eltern.

8.4. Adressatinnen der Erziehungsbeistandschaft

Nach der empirischen Untersuchung von Schone handelt es sich bei der Zielgruppe der Erziehungsbeistandschaft „um ältere Kinder und Jugendliche mit hohem Grad registrierter Verhaltensauffälligkeiten. Ca. die Hälfte dieser Kinder stammt gleichzeitig aus Familien mit einer hohen familialen Belastung" (Schone, R. 1988, S. 138).

Eine ausführliche Darstellung des Klientels der Erziehungsbeistände liegt für die Stadt Hannover aufgrund einer statistischen Erhebung im Jahre 1992 vor: Danach lebten 68,6% der Betreuten in Ein-Eltern-Familien, wobei zu 94% die Mutter der alleinerziehende Elternteil war. 43% der Familien waren auf Sozialhilfeleistungen angewiesen. Mit 21,7% waren SchülerInnen der Sonderschule für Lernbehinderte überproportional vertreten.

Folgende Probleme lagen bei den betreuten Minderjährigen vor (Angaben in %):

	Jungen	Mädchen
Konflikte mit Eltern	29,0	47,8
Schulverweigerung	27,5	8,7
Delinquenz	7,2	2,2
Drogen/Alkohol	1,4	0
sexuelle Devianz	0	2,2
psychische Probleme	17,3	23,9
Weglaufen/Trebe	1,6	2,3
sonstiges	16,0	12,8

(Gebert, A./Schone, R. 1993, S. 96 ff.)

8.5. Organisation und Methoden der Erziehungsbeistandschaft

Ursprünglich arbeiteten die Erziehungsbeistände überwiegend einzeln mit den betroffenen Kindern und Jugendlichen, um so individuelle Problemlösungen und Beratungen wirksam werden zu lassen. Außerdem wurden und werden unterschiedliche Formen der Freizeitgestaltung und der Gruppenarbeit praktiziert, so daß sich hier Überschneidungen zur Sozialen Gruppenarbeit ergeben.

Im Zuge des Paradigmawechsels der Sozialarbeit und Jugendhilfe veränderten sich auch die Methoden der Erziehungsbeistandschaft. Es wurde erkannt, daß sich pädagogische und beratende Interventionen

70

nicht nur an die Minderjährigen allein richten konnten, während deren Familien und das soziale Umfeld unberücksichtigt und unverändert blieben. Deshalb werden nun auch Gespräche und Kontakte mit den Familien der zu betreuenden Kinder und Jugendlichen gesucht. Die darüber hinausgehenden Gruppenaktivitäten orientieren sich häufig an erlebnispädagogischen Konzepten und Inhalten. Als Leitgedanken einer fachlichen Neubestimmung der Erziehungsbeistandschaft gelten vor allem:

(1) Lebensweltorientierung,
(2) Integration,
(3) Prävention,
(4) Partizipation,
(5) Alltagsorientierung,
(6) Dezentralisierung/Regionalisierung,
(7) 'Sich am Jugendlichen orientieren'
(8) Akzeptanz und Vertrauen als Basis der sozialpädagogischen Beziehung (Gebert, A./Schone, R. 1993, S. 48 ff.).

Die Erziehungsbeistandschaft ist keine kurzfristig angelegte ambulante Erziehungshilfe, sondern umfaßt in der Regel einen Zeitraum von mehr als einem Jahr.

8.6. FACHKRÄFTE DER ERZIEHUNGSBEISTANDSCHAFT

Die Aufgaben der Erziehungsbeistandschaft nahmen ursprünglich vor allem ehrenamtliche Kräfte wahr, die jedoch mehr und mehr von hauptamtlichen Fachkräften abgelöst wurden (Schrapper, C. 1989, S. 64 f.). Aufgaben einer längerfristig angelegten Erziehungsbeistandschaft führen in der Regel hauptamtliche SozialpädagogInnen oder SozialarbeiterInnen durch. Ein Erziehungsbeistand betreut 10 - 30 Fälle (Münder, J. u.a. 1993, S. 253). Nach der Studie von Schone besitzen die MitarbeiterInnen der Erziehungsbeistandschaft folgende Qualifikationen: SozialarbeiterInnen und SozialpädagogInnen bildeten mit 75% die größte Gruppe; 2% der MitarbeiterInnen waren ErzieherInnen und mit 14% PraktikantInnen oder Zivildienstleistenden hatten nicht wenige Kräfte keine Ausbildung (1988, S. 87). Dies obwohl offensichtlich ist, daß bloße Grundqualifikationen oftmals nicht ausreichen. Denn die Familie als Konfliktfeld erfordert beispielsweise familientherapeutisch orientierte Methoden, die eine entsprechende Zusatzqualifikation voraussetzen. (Behnies, K. u.a. 1992, S. 152 ff.). Unerläßlich ist die

Kooperation der Erziehungsbeistände im Team und die Inanspruchnahme von Supervision, um eine regelmäßige Reflexion zu gewährleisten.

LITERATUR

Behnies, K. u. a.: Erziehungsbeistand, Betreuungshelfer. In: Textor, M. R. (Hrsg.): Praxis der Kinder- und Jugendhilfe. Handbuch für die sozialpädagogische Anwendung des KJHG. Weinheim, Basel 1992.
Gebert, A./Schone, R.: Erziehungsbeistände im Umbruch. Eine ambulante Erziehungshilfe profiliert sich neu. Münster 1993.

9. Sozialpädagogische Familienhilfe

9.1. Gesetzestext

§ 31 KJHG Sozialpädagogische Familienhilfe
„Sozialpädagogische Familienhilfe soll durch intensive Betreuung und Begleitung Familien in ihren Erziehungsaufgaben, bei der Bewältigung von Alltagsproblemen, der Lösung von Konflikten und Krisen sowie im Kontakt mit Ämtern und Institutionen unterstützen und Hilfe zur Selbsthilfe geben. Sie ist in der Regel auf längere Dauer angelegt und erfordert die Mitarbeit der Familie."

9.2. Entwicklung und Aufgaben der Sozialpädagogischen Familienhilfe

Während die bereits erwähnten Formen der ambulanten Erziehungshilfen ihre sozialen und pädagogischen Hilfsangebote traditionell an Kinder und Jugendliche richteten und erst allmählich die Familie und das soziale Umfeld einbezogen, war die Sozialpädagogische Familienhilfe schon immer auf die gesamte Familie ausgerichtet.

Auch schon vor der rechtlichen Festlegung der Sozialpädagogischen Familienhilfe durch das KJHG (sie war im JWG nicht erwähnt) hatte diese familienbezogene Form der ambulanten Erziehungshilfe ihren festen Platz im Jugendhilfesystem.

Sie entstand gegen Ende der 60er Jahre in Berlin als ambulante Erziehungshilfe im Vorfeld der Heimerziehung und hatte damit präventiven Charakter bzw. wurde als eine Alternative zur Fremdunterbringung von Kindern und Jugendlichen verstanden. Außerdem konnte die Sozialpädagogische Familienhilfe einsetzen, wenn ein Minderjähriger aus der Heimerziehung in seine Herkunftsfamilie rückgeführt werden sollte (Pressel, I. 1993, S. 331).

Kritiker der Sozialpädagogischen Familienhilfe werfen ihr vor, sich an einem ideologisierten Bild von Familie zu orientieren. Sozial und materiell äußerst schwache Familien verfügten nicht über die Ressourcen, um sich gewissermaßen im Zentrum der Misere mit der Hilfe einer professionellen Fachkraft aus eben dieser Misere befreien zu können (Karsten, M.-E./Otto, H.-U. 1987, S. XXIV ff.). In ähnlicher Weise ist der Vorwurf zu verstehen, wonach die gängige familientherapeutische

Orientierung der Sozialpädagogischen Familienhilfe keineswegs dem Setting therapeutischer Interaktionen entspreche, da sie sich auf Alltagshandeln in der Familie beschränke (Peters, F. 1990, S. 44).

9.3. FALLBEISPIEL

Die Erzieherin eines Kindergartens ist besorgt, daß der vierjährige Bernd schon mehrere Tage nicht in den Kindergarten gekommen ist. Schon seit längerer Zeit war ihr aufgefallen, daß der Junge oftmals sehr ungepflegt war, häufig hatte er kein Frühstück dabei. Die Erzieherin will nun bei der Mutter von Bernd anrufen, um sich zu erkundigen, ob der Junge vielleicht krank sei. Das Telefon ist jedoch außer Betrieb und so beschließt die Erzieherin, einen Hausbesuch bei Familie Müller zu machen. Sie findet Frau Müller und Bernd auch in der Wohnung vor. Bernd sei nicht krank, meint die Mutter, aber sie schaffe es in letzter Zeit einfach nicht, ihn rechtzeitig in den Kindergarten zu schicken. Die Mutter beginnt zu weinen und klagt, daß sie im Moment auch keine saubere Wäsche für den Jungen habe, denn die Waschmaschine sei kaputt und Geld für eine Reparatur nicht vorhanden. Mit der Erziehung der beiden Kinder fühlt sich Frau Müller total überfordert, ständig gäbe es in Erziehungsfragen Streitigkeiten mit ihrem Ehemann, sie wisse nicht, wie sie den Haushalt versorgen könne und nun käme auch noch eine ganz akute Geldnot hinzu. Die Erzieherin sieht in dem chaotisch anmutenden Zustand der Wohnung, daß Frau Müller wohl wirklich überfordert ist und ihre Situation desolat und perspektivlos erscheint. Da sie sich vor allem Sorgen um Bernd macht, schlägt sie der Mutter vor, sich doch an das Jugendamt zu wenden und dort um Hilfe zu bitten. Dies lehnt Frau Müller ab, sie ist jedoch damit einverstanden, daß möglicherweise eine Fachkraft vom Jugendamt einmal bei ihr vorbeischaut und sie bittet die Erzieherin, einen Kontakt zum Jugendamt herzustellen.

Der von der Erzieherin informierte zuständige Sozialarbeiter vom Allgemeinen Sozialdienst besucht daraufhin Frau Müller und stellt schnell fest, daß bei dieser Familie vielfältige Probleme vorliegen:

Frau Müller hat schon mit 17 Jahren geheiratet. Der vierjährige Junge ist das zweite Kind. Familie Müller hat noch einen siebenjährigen Sohn, der in die zweite Grundschulklasse geht. Herr Müller ist Gelegenheitsarbeiter, oftmals benötigt die Familie ergänzende finanzielle Unterstützung durch das Sozialamt. Mit der Erziehung der beiden Kinder fühlt sich die junge Mutter stark überfordert: Ihr Mann kümmere sich kaum um Erziehungsaufgaben und gehe meistens mit Freunden in die Kneipe; der ältere Junge habe Schwierigkeiten in der Schule und würde die Versetzung in die nächste Klasse vermutlich nicht schaffen. Auch mit der Haushaltsführung ist Frau Müller offensichtlich überfordert. Die Wohnung ist wenig gepflegt. Frau Müller beklagt sich über die finanzielle Situation der Familie, man müsse noch einiges an Schulden abtragen, es sei vieles in Versandhäusern auf Kredit gekauft worden; mittlerweile seien die Schulden auf fast 20.000 DM angewachsen. Der Sozialarbeiter kommt zu der Schlußfolgerung, daß das Verhältnis der Familienmitglieder zwar zeitweilig gespannt, jedoch insgesamt tragfähig erscheint, da positive emotionale Beziehungsstrukturen vorhanden sind. Er verspricht, sich zunächst mit dem Sozialamt wegen der Reparaturkosten der Waschmaschine in Verbindung zu setzen. Außerdem bietet er in einem nächsten Gespräch den Eheleuten Müller eine Unterstützung durch eine Fachkraft der Sozialpädagogischen Familienhilfe an. Eine Sozialpädagogin könne über einen längeren Zeitraum für etwa 15 Stunden pro Woche der Familie bei der Bewältigung ihrer Probleme beistehen. Im einzelnen ergeben sich für diesen Fall der Sozialpädagogischen Familienhilfe folgende Aufgabenbereiche:

(1) gemeinsame Erstellung eines Schuldentilgungsplanes, Gespräche mit den Gläubigern,
(2) gemeinsame Aufstellung eines Haushaltsplans, insbesondere Beratung über und gemeinsame Tätigung preiswerter Einkäufe,
(3) Unterstützung und Beratung der Mutter bei der Haushaltsführung unter Hinzuziehung des Ehemanns,
(4) Anleitung und Beratung bei der Hausaufgabenbetreuung des siebenjährigen Sohnes,
(5) gemeinsame vermittelnde Gespräche mit der Klassenlehrerin des Sohnes,
(6) Beratung bei der Erziehung von Bernd und Förderung der Kontakte zum Kindergarten,
(7) Führung von Familiengesprächen, z. B. über Erziehungsfragen und insbesondere über die Rollenverteilung in der Familie, unter der vor allem Frau Müller leidet,
(8) Anstoß geben zur Einbindung der Familie in einen Nachbarschaftskreis,
(9) Einleitung und Hilfe zur Realisierung einer vierwöchigen Mutter-Kind-Kur für Frau Müller und den kleineren Sohn.

Ihr Einsatz in der Familienhilfe für Familie Müller – dessen ist sich die Sozialpädagogin bewußt – muß so angelegt werden, daß diese die Hilfe als Möglichkeit der Selbsthilfe erfährt und so in die Lage versetzt wird, in einem Zeitraum von etwa eineinhalb Jahren die größten Probleme gelöst zu haben, zukünftige Schwierigkeiten und Probleme eigenständig zu lösen und neue Lebensperspektiven zu entwickeln.

9.4. ADRESSATINNEN DER SOZIALPÄDAGOGISCHEN FAMILIENHILFE

Die Sozialpädagogische Familienhilfe soll bei Familien mit ausgeprägten Problemen in verschiedenen Bereichen einsetzen. Zu diesen Bereichen zählen vor allem:

„– Haushalt, Ernährung, Gesundheit,
– Finanzen,
– Alleinerzieherschaft,
– Erziehung der Kinder,
– Verhaltensauffälligkeiten der Kinder,
– Beziehung zum Partner,
– Familiäre Gesamtstruktur,
– Beziehung zur Umwelt (Nachbarn, Verwandtschaft, Vereine, Behörden) sowie
– Arbeit" (Lang, P. 1992, S. 158).

Diese Aufstellung möglicher Problembereiche, die in der Regel nicht einzeln, sondern in Addition vorliegen, verdeutlicht das überaus große Handlungsspektrum der Sozialpädagogischen Familienhilfe sowie die differenzierten Anforderungen an die Fachkräfte. Prinzipiell handelt es sich bei der Sozialpädagogischen Familienhilfe um ein freiwilliges Angebot. Auch wenn der Anstoß dazu von außen kommen sollte, muß die Bereitschaft zur Entgegennahme der Hilfe ebenso vorhanden sein wie ein zumindest geringfügiges Interesse an Kooperation. Sozialpädagogische Familienhilfe ist langfristig angelegt, das heißt, für einen Zeitraum von durchschnittlich ein bis zwei Jahren. Ihre Zielgruppen sind Familien, die sich schon lange und/oder voraussichtlich noch für einen längeren Zeitraum in sozialen Problemlagen befinden. Die Sozialpädagogische Familienhilfe grenzt sich von der Hilfestellung bei der Betreuung und Versorgung eines Kindes in akuten – aber voraussichtlich zeitlich befristeten – Notsituationen ab. Derartige Not liegt zum Beispiel bei einer plötzlichen schweren Erkrankung der Mutter vor, bei einem Kuraufenthalt oder wenn sonstige zwingende Gründe die Betreuung des Kindes in Frage stellen. Die möglichen Unterstützungen in solchen Fällen sind in § 20 KJHG geregelt.

„Für das Profil der Sozialpädagogischen Familienhilfe ist charakteristisch, daß sie sich primär an Familien richtet, deren Lebenssituation durch massive materielle Probleme und familiäre Belastungen gekennzeichnet wird, weniger dagegen durch Verhaltensauffälligkeiten der Kinder selbst (dieses ist auch im Zusammenhang mit dem niedrigen Durchschnittsalter der betreuten Kinder zu sehen). Allerdings kann diese Hilfe für Familien mit (seelisch) behinderten Kindern und Jugendlichen ebenfalls sinnvoll und hilfreich sein. Sozialpädagogische Familienhilfe scheint besonders erfolgreich bei Familien in akuten Einzelkrisen, beim Tod eines Partners, bei Trennung, bei besonderen Schwierigkeiten mit Kindern, bei Problemen alleinerziehender Eltern, vor allem von Müttern. Demgegenüber scheint Sozialpädagogische Familienhilfe eher ungeeignet bei Familien, die dauerhaft überfordert sind und sich in extremen, sich gegenseitig verstärkenden Lebenskrisen (z. B. Arbeitslosigkeit, Überschuldung, Isolierung, hohe Kinderzahl) befinden oder durch massive Strukturkrisen (z. B. gewalttätige Väter/Eltern, Suchtabhängigkeiten, psychische Leiden) gekennzeichnet sind" (Münder, J. u. a. 1993, S. 258).

9.5. Organisation und Methoden der Sozialpädagogischen Familienhilfe

Die Sozialpädagogische Familienhilfe ist ein intensiv begleitendes Angebot für Alleinerziehende, Familien, Familien bei und nach Trennung und Scheidung sowie junge Eltern.

Die betroffenen Familien müssen Bereitschaft zeigen, sich in Konfliktsituationen beraten zu lassen und Hilfe anzunehmen. Diese beratende Hilfestellung und Begleitung wird vor allem bei Schwierigkeiten und Problemen notwendig

(1) in Erziehungsfragen
beispielsweise zum Auffangen von Entwicklungsstörungen der Kinder und Jugendlichen, zu Veränderungen bei auffälligen Verhaltensformen und zur Lösung von Krisen zwischen Eltern und Kindern,
(2) in Kindergarten und Schule
zur Förderung von Kontakten zwischen den Eltern und den Institutionen, zur besseren Integration der Kinder und zur Lösung von Motivations- und Leistungsproblemen,
(3) in Ehe und Partnerschaft
zum Beispiel durch regelmäßige Paargespräche, damit Konflikte vermieden bzw. konstruktiver gelöst werden können,
(4) im wirtschaftlichen und im finanziellen Bereich
um beispielsweise Kindergeld-, Wohngeld und Sozialhilfeansprüche durchzusetzen oder Auswege bei Überschuldung zu suchen,
(5) im Umgang mit Behörden und Institutionen
um berechtigte Ansprüche zu realisieren, Schwellenängste abzubauen und einen selbstbewußten Umgang einzuüben, z. B. mit dem Sozial-

amt, dem Arbeitsamt, dem Wohnungsamt, der Erziehungsberatung, der Suchtberatung, der Kinder- und Jugendpsychiatrie.

Die Sozialpädagogische Familienhilfe ist in der Regel eine längerfristig angelegte Form ambulanter Erziehungshilfe. Sie umfaßt zumeist einen Zeitraum von ein bis zwei Jahren, kann aber im Bedarfsfall auch darüber hinaus verlängert werden.

Die Bündelung der Sozialpädagogischen Familienhilfe mit anderen Angeboten der Erziehungshilfen ist nicht nur möglich, sondern in vielen Fällen sicherlich notwendig und sinnvoll. Neben den allgemeinen Förderungsmaßnahmen der Erziehung in der Familie und der Förderung in Tageseinrichtungen und in Tagespflege kommen in Abwägung des jeweiligen Einzelfalles alle anderen ambulanten Erziehungshilfeformen entweder alleine oder wiederum gebündelt in Betracht. Die Sozialpädagogische Familienhilfe als freiwilliges Leistungsangebot der Erziehungshilfe hat ihre Grenzen, wenn das Wohl des Kindes trotz der angebotenen Hilfe nicht gewährleistet ist. Dann müssen andere Erziehungshilfen eintreten, so z. B. die Unterbringung in einer Vollzeitpflegestelle oder in einem Heim, unter Umständen auch in Verbindung mit einem vormundschaftsgerichtlichen Eingriff in die elterliche Erziehungsverantwortung (Ludemann, P. 1992, S. 260 f.).

Die Sozialpädagogische Familienhilfe findet vorrangig in der gewohnten Umgebung der Familie statt. Damit wird die Einbindung in vorhandene soziale Beziehungen und Strukturen unterstützt, ohne Lebensinhalte und -ziele von außen heranzutragen.

Da sich die Sozialpädagogische Familienhilfe der Familie in ihrer konkreten Lebenssituation annimmt, also „vor Ort", in deren Wohnung arbeitet, ist auf ein angemessenes Verhältnis von Nähe und Distanz zwischen den Familienmitgliedern und der FamilienhelferInnen ganz besonders zu achten. Die Fachkraft wirkt gewissermaßen im Intimbereich der Familie, sie sieht deren Schwächen, Probleme und Rückfälle offen vor sich liegen. Wahrscheinlich gibt es keinen anderen Arbeitsbereich der Erziehungshilfe, in dem die Hilfe so unmittelbar und intensiv in den Privatbereich eingreift. Die ohnehin schwierige Rolle der FamilienhelferInnen wird noch erschwert, wenn begründete oder unbegründete Ängste vor Offenbarung gegenüber Institutionen und Ämtern bestehen. Dann ist es überaus wichtig, klare Absprachen zu treffen, gewissermaßen einen Kontrakt über die Zielsetzungen der Hilfe und die Rolle aller Beteiligten zu vereinbaren (Kircher, V. 1992, S. 269). Insbesondere dem Vertrauensschutz gegenüber dem Jugend- und Sozialamt kommt daher eine große Bedeutung zu (Pressel, I. 1993, S. 331).

Gerade mit der Sozialpädagogischen Familienhilfe wurde vielfach das Bild von der „gläsernen" Familie in Verbindung gebracht. Man argumentierte deshalb häufig, daß die Aufgaben der Sozialpädagogischen Familienhilfe am besten bei freien Trägern angesiedelt seien, da hier eine größere Unabhängigkeit von einer Leistungs- und Eingriffsverwaltung bestehe (Rothe, M. 1994, S. 3). Dennoch wurde befürchtet, daß Jugendämter dazu tendieren könnten, die inhaltliche Arbeit der Sozialpädagogischen Familienhilfe bestimmen zu wollen, wenn sie bei deren Finanzierung mitentscheiden (Pressel, I. 1993, S. 331). In diesem Zusammenhang sei auch an mögliche Offenbarungen durch Berichte erinnert, die dem Jugendamt routinemäßig im Rahmen der Jugendhilfeplanung oder als Abschlußbericht vorgelegt werden (Rothe, M. 1994, S. 95).

Diese Befürchtungen sollten jedoch mit dem Inkrafttreten des KJHG als überholt gelten. Der Sozialdatenschutz ist explizit gesetzlich im KJHG verankert, Sozialdaten dürfen auch von FamilienhelferInnen nur mit Zustimmung der Betroffenen weitergegeben werden. Auch Berichte, die Sozialdaten enthalten, können nur mit dem vorherigen Einverständnis der Familie weitergeleitet werden. Überdies besteht nach Proksch keine Berichtspflicht der Sozialpädagogischen Familienhilfe gegenüber dem Jugendamt. „Als Ergebnis ist damit festzuhalten, daß es keine 'freien Daten' der Familie gibt, die Familie also nicht 'eine öffentliche Familie' ist" (Proksch, R. 1996, S. 251). Die Möglichkeit des Jugendamtes bei einer aktuellen Gefährdung des Kindeswohl das Gericht anzurufen (§ 50 KJHG), wenn durch Leistungsangebote der Jugendhilfe die Gefährdung nicht beseitigt werden kann, ist ausreichend, um Gefährdungen von Kindern und Jugendlichen zu vermeiden oder abzustellen (Proksch, R. 1996, S. 251 ff.).

9.6. Fachkräfte der Sozialpädagogischen Familienhilfe

Der sozialpädagogische Einsatz in Familien mit größeren Schwierigkeiten und Problemen stellt erhebliche professionelle Anforderungen an die FamilienhelferInnen. Sie müssen die Gewichtung von Nähe und Distanz beachten, zur kritischen Selbstreflexion fähig sein, ausgleichend, motivierend und anregend wirken sowie Rückschläge analysieren und ertragen können. Aller Erfahrung nach, sind hierzu vor allem SozialarbeiterInnen und SozialpädagogInnen geeignet, nach Möglichkeit sollten sie über methodische Zusatzqualifikationen verfügen (Rothe, M. 1994, S. 5; Wiedau, R. 1993, S. 151).

Zwar sind die Mehrzahl der festangestellten MitarbeiterInnen der Sozialpädagogischen Familienhilfe SozialpädagInnen und SozialarbeiterInnen, aber die Berufspalette in diesem Bereich reicht noch von DiplompädagogInnen und ErzieherInnen über LehrerInnen bis hin zu ArzthelferInnen, KinderkrankenpflegerInnen, StudentInnen sozialer Berufsfelder und unausgebildeten LaienhelferInnen (Elger, W./Christmann, C. 1989, S. 159).

SozialpädagogInnen und SozialarbeiterInnen übernehmen im Bereich der Sozialpädagogischen Familienhilfe oftmals Aufgaben der Koordination und Praxisanleitung für die geringer oder gar nicht ausgebildeten FamilienhelferInnen, die „vor Ort" in der Familie arbeiten. Je nach Bundesland und Träger der Sozialpädagogischen Familienhilfe unterschiedlich, sind die FamilienhelferInnen teilweise fest angestellt, während ein anderer Teil im Rahmen einer Arbeitsbeschaffungsmaßnahme (ABM), als Honorarkraft oder auch ehrenamtlich arbeitet. Die beruflichen Qualifikationen haben selbstverständlich Einfluß auf den Erfolg oder Mißerfolg der „sozialpädagogischen" Maßnahme. Bei einer statistischen Auswertung von „Abbrüchen" der Sozialpädagogischen Familienhilfe zeigte sich der nicht unerwartete Sachverhalt: Maßnahmen, die von Honorarkräften oder von ABM-Kräften geleistet wurden, wiesen eine deutlich höhere Abbruchquote auf als Maßnahmen, die festangestellte und sozialpädagogisch ausgebildete Fachkräften durchführten (Elger, W./Christmann, C. 1989, S. 163 ff.).

Daher wird gefordert, den Einsatz von festangestellten SozialarbeiterInnen und SozialpädagogInnen zum unverzichtbaren Standard der Sozialpädagogischen Familienhilfe zu machen (Münder, J. u. a. 1993, S. 258; Elger, W./Christmann, C. 1989, S. 166 f.). Der Einsatz von ABM-Kräften sollte hingegen „allenfalls für die Dauer einer Anlauf- oder Erprobungsphase vorgesehen werden" (Wiedau, R. 1993, S. 152).

LITERATUR

Karsten, M.-E./Otto, H.-U. (Hrsg.): Die sozialpädagogische Ordnung in der Familie. Beiträge zum Wandel familialer Lebensweisen und sozialpädagogischer Interventionen. Weinheim, München 1987.

Lang, P.: Sozialpädagogische Familienhilfe. In: Textor, M. R. (Hrsg.): Praxis der Kinder- und Jugendhilfe. Handbuch für die sozialpädagogische Anwendung des KJHG. Weinheim, Basel 1992.

Ludemann, P.: Sozialpädagogische Familienhilfe im System der Erziehungshilfen. In: Jugendwohl. 73 Jg. 1992. H. 6, S. 256-263.

Rothe, M.: Sozialpädagogische Familien- und Erziehungshilfe. Eine Handlungsanleitung. 3. überarb. Aufl. Stuttgart, Berlin, Köln 1994.

10. Erziehung in einer Tagesgruppe

§ 32 KJHG Erziehung in einer Tagesgruppe
„Hilfe zur Erziehung in einer Tagesgruppe soll die Entwicklung des Kindes oder des Jugendlichen durch soziales Lernen in der Gruppe, Begleitung der schulischen Förderung und Elternarbeit unterstützen und dadurch den Verbleib des Kindes oder des Jugendlichen in seiner Familie sichern. Die Hilfe kann auch in geeigneten Formen der Familienpflege geleistet werden."

10.2. ENTWICKLUNG UND AUFGABENBEREICHE DER ERZIEHUNG IN TAGESGRUPPEN

Die Erziehung in einer Tagesgruppe ist keine eindeutig „ambulante" Form der Erziehungshilfe. Sie nimmt vielmehr einen Standort zwischen ambulanten und stationären Erziehungshilfen (Heimerziehung) ein. Tagesgruppen, auch teilstationäre oder heilpädagogische Gruppen genannt, sind seit mehr als 20 Jahren ein stetig anwachsendes Aufgabengebiet der Jugendhilfe, das sich als teilstationärer Bereich im Rahmen der Heimerziehung entwickelte. „Mit der Erziehung in einer Tagesgruppe sollen Angebote des sozialen Lernens, der schulischen Förderung und der unterstützenden Elternarbeit in die Angebotspalette der Hilfe zur Erziehung aufgenommen werden" (Münder, J. u.a. 1993, S. 259 f.).

10.3. FALLBEISPIEL

Die achtjährige Marion leidet seit einigen Monaten unter psychosomatischen Beschwerden. Sie hat oft Bauch- und Kopfschmerzen und ist sehr unkonzentriert. Zu Hause kommt es täglich zu Reibereien mit ihrer Mutter wegen der Hausaufgaben. Marions Vater hält sich von den Erziehungsaufgaben weitgehend fern, zumal diese immer wieder Anlaß zu erheblichen Ehekrisen geben. Beide Elternteile möchten die Situation verändern, sie wissen aber nicht wie. Marion soll deshalb in eine Tagesgruppe aufgenommen werden. Dies wird voraussichtlich zunächst einmal zu einer Entlastung aller Familienmitglieder führen. Ferner ist beabsichtigt, daß von der Tagesgruppe aus eine Familientherapie für Marion und ihre Eltern begonnen wird. Wegen der psychosomatischen Beschwerden ist außerdem eine Einzeltherapie für Marion vorgesehen.

10.4. ADRESSATINNEN DER ERZIEHUNG IN EINER TAGESGRUPPE

In Tagesgruppen werden Kinder vom Vorschulalter bis zu etwa 16/17 Jahren aufgenommen, wobei der Schwerpunkt jedoch im Schulalter liegt. Es handelt sich um Kinder und Jugendliche die Störungen und Auffälligkeiten im Verhaltens- und/oder Leistungsbereich aufweisen, welche zumeist auf Schwächen und Defizite des familiären Systems zurückzuführen sind. Vielfach befinden sich die Familien „am Rande ihrer Erziehungskompetenz" (Lambach, R. 1994a, S. 72).

10.5. METHODEN UND ORGANISATION DER ERZIEHUNG IN TAGESGRUPPEN

„Ein spezifisches Merkmal der Tagesgruppenbetreuung ist der relativ günstige Personalschlüssel von einem Mitarbeiter zu 3 bis 4 Kindern und die kontinuierliche Anwesenheit der Pädagogen während der Betreuungszeit der Kinder. Schichtdienst ist in der Tagesgruppe nicht üblich, und deshalb ist trotz der begrenzten täglichen Betreuungsdauer die Entstehung konstanter Beziehungen möglich. Neben dem wichtigen Erfahrungsmedium Gruppe ist in der Tagesgruppe gezielte Kleingruppen- und Einzelbetreuung möglich und üblich. Außerdem fällt in der Regel die Zusammenarbeit mit den Eltern sowie den Schulen in die Verantwortung der Gruppenmitarbeiter, wodurch eine ganzheitliche Betreuung erleichtert wird" (Späth, K. 1989, S. 327 f.).

Das Tagesgruppenangebot gilt für die Zeit nach der Schule bis zum frühen Abend. Am Abend, in der Nacht und am Wochenende sind die Kinder und Jugendlichen in ihren Familien, die somit Lebensmittelpunkt bleiben. Während des Aufenthaltes in den Tagesgruppen können die Kinder und Jugendlichen zunächst einmal zur Ruhe kommen, ihren Gefühlen Ausdruck geben und ein neues Erleben kennenlernen. Mit meist spezifischen heilpädagogischen Methoden in der Einzel- und Gruppenpädagogik können sie lernen, traumatische Erfahrungen aufzuarbeiten, Entwicklungen nachzuholen und neue Perspektiven zu sehen.

„In der Tagesgruppenarbeit beschränkt sich pädagogisches Handeln nicht allein auf den Umgang mit dem Heranwachsenden selbst. Vielmehr sind vielfältige Bezüge zwischen MitarbeiterIn und Heranwachsendem nutzbar. Jede Maßnahme, die auf die Familie, die peer-Gruppe, die Schule oder weitere Bereiche des Lebensfeldes ausgerichtet ist, kann geeignet sein, das unmittelbare Handlungsfeld des Heranwachsenden zu beeinflussen" (Moch, M. 1994, S. 84).

Trotz der vielfältigen Bezugspunkte nimmt die Arbeit mit den Eltern eine wichtige Rolle ein. Von zahlreichen Institutionen wird sie im Sinne einer Familientherapie verstanden und praktiziert. „Daraus ergibt sich für das Gesamtprofil der Maßnahme, daß Tagesgruppenarbeit Familienarbeit ist, nicht Arbeit mit Kindergruppen, die durch Elternarbeit flankiert wird" (Lambach, R. 1994a, S. 72).
Der vorübergehende Aufenthalt in einer Tagesgruppe kann in vielen Fällen helfen, das System Familie wieder zu stabilisieren und somit eine stationäre Heimunterbringung zu vermeiden. Der Aufenthalt in einer Tagesgruppe umfaßt durchschnittlich einen Zeitraum von zwei bis vier Jahren.

„Tagesgruppen sind ein besonders gelungenes Beispiel für die Realisierung lebensweltorientierter Jugendhilfe, im Bild geredet: ein wohlgeratenes Kind. Tagesgruppen sind entstanden, um Heimerziehung zu öffnen für neue, aus heutigen gesellschaftlichen Konstellationen stammende Aufgaben, um Heimerziehung besser orientieren zu können an Problemen heutiger Lebenswelt" (Thiersch, H. 1994, S. 41).

Satz 2 des § 32 KJHG sagt aus, daß die Hilfe auch als Tagespflege in geeigneten Familien geleistet werden kann. Münder u. a. (1993, S. 261 f.) führen hierzu aus, daß sich diese Betreuungsform allerdings nicht aus der Tradition der Tagesgruppenarbeit ableiten lasse und es sich vielmehr um eine besondere Form der intensiven Einzelförderung in Familien handle.

10.6. FACHKRÄFTE IN DEN TAGESGRUPPEN

Die Aufgabenfelder und Methoden in den Tagesgruppen sind sehr unterschiedlich. Neben der Eltern- und Familienarbeit sowie heilpädagogischen Fördermaßnahmen stellen vor allem die individualpädagogische Förderung aber auch die Gruppenpädagogik professionelle Anforderungen. Das Qualifikationsniveau der MitarbeiterInnen in Tagesgruppen unterscheidet sich merklich von dem in vollstationären Heimgruppen oder in Kindergärten. In den Tagesgruppen arbeiten überwiegend Fachkräfte mit Hochschulabschluß, also vor allem SozialpädagogInnen und SozialarbeiterInnen (Späth, K. 1994, S. 29). Weiterhin finden wir ErzieherInnen – oftmals mit langjähriger Berufserfahrung – und HeilpädagogInnen in der Tagesgruppenarbeit. Aufgrund der spezifischen Anforderungen sind Fort- und Weiterbildungsmaßnahmen in Methoden der Eltern- und Familienarbeit – insbesondere in systemischer Sichtweise – unerläßlich.

LITERATUR

Blandow, J./Faltermeier, J. (Hrsg.): Erziehungshilfen in der Bundesrepublik Deutschland. Frankfurt a. M. 1989.

Krüger, E. u. a. (Hrsg.): Erziehungshilfe in Tagesgruppen. Entwicklung, Konzeptionen, Perspektiven. Frankfurt a. M. 1994.

11. Intensive sozialpädagogische Einzelbetreuung

11.1. GESETZESTEXT

§ 35 KJHG Intensive sozialpädagogische Einzelbetreuung
„Intensive sozialpädagogische Einzelbetreuung soll Jugendlichen gewährt werden, die einer intensiven Unterstützung zur sozialen Integration und zu einer eigenverantwortlichen Lebensführung bedürfen. Die Hilfe ist in der Regel auf längere Zeit angelegt und soll den individuellen Bedürfnissen des Jugendlichen Rechnung tragen."

11.2. ENTWICKLUNG UND AUFGABENBEREICHE DER INTENSIVEN SOZIALPÄDAGOGISCHEN EINZELBETREUUNG

Mit der Erziehungshilfeform „Intensive sozialpädagogische Einzelbetreuung" nahm der Gesetzgeber eine Praxis auf, die sich seit etwa 20 Jahren mehr und mehr etablierte und sich jungen Menschen in sehr schwierigen Lebenslagen und mit massiven Problemen und Auffälligkeiten annimmt.
Die Maßnahmen der Intensiven sozialpädagogischen Einzelbetreuung unterscheiden sich von anderen Betreuungsangeboten vor allem durch:

> „– größere Formenvielfalt (ambulantes oder mit Unterbringungshilfen verbundenes Angebot),
> – größere Offenheit der Inhalte (z. B. Einbezug erlebnispädagogischer Angebote),
> – eine von der individuellen Situation des Jugendlichen (jungen Volljährigen) ausgehende Angebotsgestaltung (keine Standardisierung) und
> – (dies als herausragendes Merkmal) eine deutlich höhere Betreuungsintensität" (Münder, J. u. a. 1993, S. 274).

Gewissermaßen eine Vorläuferrolle der Intensiven sozialpädagogischen Einzelbetreuung nimmt die Erlebnispädagogik für äußerst schwierige Jugendliche ein. Seit Ende der 70er Jahre entwickelten sich unterschiedliche Projekte für junge Menschen in sehr schwierigen Lebenslagen, die sich auch als Alternative zur geschlossenen Heimerziehung verstanden. Längere Gebirgshüttenaufenthalte unter einfachsten Bedingungen, mehrmonatige Segelfahrten oder Saharadurchquerungen sind Schlaglichter der Erlebnispädagogik. Diese versucht durch intensive Naturerlebnisse, durch die Betonung der jugendlichen Aktivität, durch Grenzerfahrungen, durch gruppendynamische Prozesse und intensive Einzelgespräche dazu zu verhelfen, vielleicht erstmals eine eigene Identität zu entwickeln, sich in der Welt – trotz aller Zwänge und Pflichten – besser zurechtzufinden und vor allem persönliche Perspektiven aufzubauen.

Die Intensive sozialpädagogische Einzelbetreuung entwickelte sich vor allem als alternative Handlungsmöglichkeit der Heimerziehung nach der Eskalation von Konflikten im familiären Umfeld oder im Heim. Es zeigte sich immer wieder, daß bestimmte Jugendliche durch alle Raster fallen und innerhalb dieser Institutionen nicht gefördert werden können. Sie sind nicht in der Lage, Hilfe anzunehmen und erweisen sich oftmals als nicht gruppenfähig.

Die üblichen pädagogischen Methoden waren in derart schwierigen Fällen vielfach erschöpft, und auch der Ausweg einer geschlossenen Heimerziehung blieb versperrt, da er pädagogisch nicht mehr zu akzeptieren war. Die Intensive sozialpädagogische Einzelbetreuung verfolgt in Abhängigkeit vom Einzelfall unterschiedliche Zielsetzungen:

(1) Insbesondere für ältere Jugendliche, die sich in Institutionen der Heimerziehung nicht mehr integrieren lassen – und die Heimerziehung vielfach auch ablehnen –, stellt die Intensive sozialpädagogische Betreuung beispielsweise im Rahmen einer eigenen Wohnung eine Alternative in zweierlei Hinsicht dar. Erstens eine Alternative zur Unterbringung in einem Heim, zweitens eine Alternative zur Situation völlig allein auf sich gestellt zu sein, was einer pädagogischen Resignation gleichkommt. Insofern kann die Intensive sozialpädagogische Einzelbetreuung Heimerziehung vermeiden oder sie in anderen Fällen beenden.

(2) Die Intensive sozialpädagogische Einzelbetreuung hat die Aufgabe trotz aussichtslos erscheinender Ausgangslage zusammen mit der/dem betroffenen Jugendlichen neue Perspektiven zu entwickeln und deren Anstreben beharrlich zu unterstützen.

(3) Insbesondere müssen Reiseprojekte auf die Zeit nach dem Projekt abzielen. Es gilt, klare und erreichbare Zukunftsperspektiven zu erarbeiten. Solche Perspektiven liegen beispielsweise im Bereich der Ausbildung, für die während des Reiseprojektes möglicherweise eine Grundlage und Motivation entstanden ist. Klar sein muß auf jeden Fall, wo die/der Jugendliche zukünftig wohnen kann, damit nicht alte Bahnen wieder Platz greifen. Ob Perspektiven in der Reintegration in die Familie liegen (was in wenigen Einzelfällen in Frage kommt), ob sie in einer pädagogischen Wohngemeinschaft oder in einer eigenen Woh-

nung im Rahmen des betreuten Wohnens zu finden sind, ist vor Beendigung der Reise zu entscheiden.

11.3. FALLBEISPIEL

Die sechzehnjährige Luise ist im Alter von vierzehn Jahren aus ihrer Familie ausgerissen, weil sie es dort nicht mehr aushielt. Sie fühlte sich von ihrem Stiefvater ständig unterdrückt und auch von ihrer Mutter nicht verstanden. Luise kam in ein Heim, in dem sie zwei Jahre lang lebte. Im Heim war sie nicht integriert, sie fand keine Freunde, schwänzte oft die Schule und hatte mit den ErzieherInnen immer Ärger. Zu ihrer Herkunftsfamilie unterhielt Luise keinerlei Kontakte mehr. Mehrmals war Luise wegen Kaufhausdiebstählen aufgefallen. Sie wurde als Fünfzehnjährige zu Sozialstunden verurteilt, weil sie diese nicht ableistete, mußte sie ei-nige Wochenenden in Jugendarrest. Mit sechzehn Jahren verließ Luise die Hauptschule ohne Abgangszeugnis. Eine vom Heim in Zusammenarbeit mit dem Arbeitsamt vermittelte Teilnahme in einem Berufsbildungsjahr lehnte Luise völlig ab, nachdem sie zwei Tage hingegangen war. Luise schlief nun im Heim jeden Tag bis zur Mittagszeit, sie machte keinerlei Anzeichen irgendeine Arbeit aufzusuchen und wich Gesprächen über ihre momentane und zukünftige Situation ständig aus.

Das Heim fand diesen Zustand als nicht länger tragbar, und Luise wurde vom Jugendamt in eine kleine Wohngruppe verlegt. Die engeren Beziehungen in dieser Gruppe konnte und wollte Luise nicht ertragen. Sie fand, daß sowohl die ErzieherInnen als auch die MitbewohnerInnen sie schikanierten. Luise riß aus und befand sich drei Monate lang auf Trebe. Dann wurde sie von der Polizei aufgegriffen und in ein Jugendschutzheim eingewiesen. In einem Gespräch mit dem zuständigen Sozialarbeiter des Heimatjugendamtes ließ das Mädchen unzweifelhaft erkennen, daß sie keinesfalls in ein Heim zurückgehen würde. Sie wolle vor allem in Ruhe gelassen werden.

Der Sozialarbeiter konnte Luise davon überzeugen, für sie eine kleine Wohnung zu besorgen. Sie solle dann von einer Sozialpädagogin intensiv betreut werden. Doch auch den Bemühungen dieser Sozialpädagogin entzog sich Luise mehr und mehr. In Abstimmung mit dem Mädchen wurde deshalb beschlossen, daß eine andere Sozialpädagogin zusammen mit Luise ein Reiseprojekt durchführt. Es ist ein zweimonatiger Aufenthalt in einsamen Gegenden in Norwegen vorgesehen. Wenn zwischen der Sozialpädagogin und Luise eine tragfähige

Beziehung während dieser Zeit zustande kommt, wird diese Sozialpädagogin nach Abschluß der Reise die Intensive sozialpädagogische
Einzelbetreuung auch weiter übernehmen. Luise ist zum ersten Mal
seit langer Zeit motiviert und positiv eingestimmt. Sie war noch kaum
im Ausland und freut sich auf die Reise.

11.4. AdressatInnen der Intensiven sozialpädagogischen Einzelbetreuung

AdressatInnen der Intensiven sozialpädagogischen Einzelbetreuung
sind junge Menschen mit massiven Schwierigkeiten, die mit sich
selbst und der personalen Umwelt nicht zurechtkommen, die wegen
ihrer Verhaltensweisen immer wieder anecken, die oftmals gescheitert
sind, keine Frustrationstoleranz entwickeln konnten und keine persönliche Perspektive besitzen. Solche massiven Schwierigkeiten können
beispielsweise sein:

(1) völlig unberechenbare abweichende Verhaltensweisen, vor allem
auch eine übersteigerte Neigung zur Aggressivität,
(2) eine stark ausgeprägte Bindungsunfähigkeit, so daß zwischenmenschliche und auch pädagogische Beziehungen kaum möglich
scheinen; als Symptome treten dann z. B. scheinbar sinnloses Weglaufen aus und vor menschlichen Beziehungen und vor Aufgabenstellun-
gen und Pflichten auf,
(3) oft damit verbunden ist ein totales Versagen der Jugendlichen in
der Schul- und Arbeitswelt, auch wenn intellektuelle Befähigungen
vorhanden sind,
(4) eine oftmals völlig unausgebildete Frustrationstoleranz begünstigt
abweichende Verhaltensweisen bei geringsten Anlässen, z. B. Gewalt-
anwendung gegen Personen und andere kriminelle Delikte.

Insgesamt fehlen solchen jungen Menschen Perspektiven, sie leben in
den Tag hinein und haben sich selbst und ihre persönliche Zukunft
schon weitgehend aufgegeben.

11.5. Methoden und Organisation der Intensiven sozialpädagogischen Einzelbetreuung

Die Intensive sozialpädagogische Einzelbetreuung versteht sich als eine Alternative zur Heimerziehung. Sie ist eine besondere Alternative,

denn entweder weigern sich betroffene Jugendliche, in Heimen oder in Wohngruppen zu leben, oder sie werden dort als nicht gruppenfähig empfunden und als nicht tragbar entlassen. Vormals blieb solchen Jugendlichen als Alternative das geschlossene Heim, die Psychiatrie oder auch das „Leben auf der Straße".

Die Intensive sozialpädagogische Einzelbetreuung kann in einer für den Jugendlichen angemieteten Wohnung, in Einzelfällen auch in der Wohnung der Familie und alternativ oder damit verbunden in erlebnispädagogischen Projekten wahrgenommen werden.

> „Wie bei allen Hilfeprozessen kommt der Art und Weise, in der ausgewählt und eingeleitet werden kann, große Bedeutung zu. Erschwerend kommt für Angebote der individuellen Einzelbetreuung hinzu, daß sie oft aus akuten Krisensituationen heraus entwickelt werden müssen, und sich in ganz besonderer Art und Weise an dem Bedarf des konkreten Einzelfalles orientieren sollen" (Schrapper, C. 1993, S. 168).

Wesentlich ist also, sich auf die Situation der Jugendlichen einzustellen, sie da abzuholen, wo sie momentan stehen und erste Beziehungen behutsam aufzubauen. Daneben werden von der Betreuungsperson auch vielfältige sozialarbeiterische Aufgabenbereiche wahrzunehmen sein: z. B. eine Initiierung und Unterstützung von Kontakten zu Ämtern und Behörden, Hilfe bei der Wohnungssuche, Unterstützung in Fragen der Schule, Ausbildung und Arbeitswelt.

Die Intensive sozialpädagogische Einzelbetreuung umfaßt in der Regel einen Zeitraum von mindestens sechs Monaten bis zu einem Jahr, in sehr schwierigen Fällen geht sie auch über diesen Zeitraum hinaus.

Praktisch und örtlich läßt sich die Intensive sozialpädagogische Einzelbetreuung vor allem mit den ambulanten Erziehungshilfen „Erziehungsbeistandschaft" und „Soziale Gruppenarbeit" verknüpfen (Münder, J. u.a. 1993, S. 275).

> „Allen diesen Projekten ist gemeinsam, daß sie in einer Zeit der Verunsicherung traditioneller Betreuungsformen neue Wege einer zeitgemäßen und qualifizierten Hilfe versuchen und dies oft in Situationen, die sonst als aussichtslos gelten. Eine Gemeinsamkeit ist auch, daß alle Projekte nur mit viel Phantasie, Engagement und Durchhaltevermögen ausgedacht und durchgesetzt werden können" (Gintzel, U./Schrapper, C. 1991, S. 12).

Angesichts des Versagens der üblichen Methoden des Umgangs mit äußerst schwierigen Jugendlichen und der gängigen Methoden ihrer Förderung sind andere Konzepte zu realisieren, die erfolgsversprechendere Aussichten haben. Hekele (1987) geht in seinem „am Jugendlichen orientierten Ansatz" von drei Bereichen aus, aus denen sich „Zentralorientierungen" ableiten lassen:

„1. Äußere Bedingungen: Das sind die objektiven Gegebenheiten wie Entscheidung zur Heimunterbringung, Erziehungsauftrag, Rechtsgrundlagen, materielle Bestimmungen, Heimunterbringung, Art des Heimes etc.
2. Die verbale Kommunikation als Gesprächskontakte zwischen Betreuer und Jugendlichen. Hier kommen hauptsächlich direkte, aber auch indirekte Selbstäußerungen zum Ausdruck. Der Beziehungsaspekt ist hier sehr wichtig.
3. Verhaltens- oder Handlungsbereich als Bereich der indirekten Selbstäußerungen, die Befindlichkeit und persönliche Lage zum Ausdruck bringen. Sie ergeben sich aus der Interpretation von Handlungen bzw. des Verhaltens" (Hekele, K. 1987, S. 28).

Diese drei Bereiche werden gleichzeitig und gleichwertig beachtet, was zur Verschärfung von Widersprüchen führen kann, die sowohl von den Jugendlichen als auch von ihren BetreuerInnen ausgehalten werden müssen. Weil das Verhalten dieser Jugendlichen jedoch zunächst grundsätzlich akzeptiert wird, weil ihnen mit angemessener Nähe und Distanz begegnet wird, weil sich die BetreuerInnen glaubwürdig verhalten und ernsthaft für die Angelegenheiten der Jugendlichen eintreten, können diese die Widersprüche zu neuen Chancen und zum Selbständigwerden nutzen. Die traditionelle und oft von außen herangetragene psychosoziale Diagnostik wird durch Zentralorientierungen ersetzt. „Die Zentralorientierung verlangt, sich an dem zu orientieren, was der Jugendliche durch seine Ich-Äußerungen zum Ausdruck bringt. Diese Ich-Äußerungen sind prinzipiell Aussagen über das, was gegenwärtig anliegt und was in Zukunft sein soll. Dadurch ist dieser Orientierungsbegriff auf seine eigene Veränderung angelegt. Dies ist ein wesentlicher Unterschied zum diagnostischen Begriff, der auf grundsätzlich Feststehendes zielt" (Hekele, K. 1987, S. 75). Ein solches Konzept kann jedoch nur gelingen, wenn die pädagogischen MitarbeiterInnen zu permanenter Selbstreflexion bereit sind und wenn sie Supervision in Anspruch nehmen. Mollenhauer und Uhlendorf (1992, S. 132 f.) beklagen, „daß die bislang in der Jugendhilfe gebräuchliche Diagnose-Praxis im Regelfall zwar eine szientifisch zuverlässige Zustandsbeschreibung darbietet, pädagogische Perspektiven aber nur sehr allgemein und häufig nur in wenigen abschließenden Sätzen anbietet." Durch die Auswertung von Selbstdeutungsmuster schwieriger Jugendlicher gelangen die beiden Autoren zu fünf „Muster"-Kombinationen oder Problemhäufungen, denen sie folgende pädagogische Entwicklungsaufgaben gegenüberstellen:

„1. ('Antriebsorientiert...'etc.): Ausbildung von Körpersensibilität für sich und andere, des Erkennens der Motive von anderen, der psychischen Differenzierung; Erlernen von Frustrationstoleranzen.

2. ('Unsicheres Selbstbild...' etc.): Konfrontation der hochsensiblen, psychisch differenzierten Selbstsicht mit real-alltäglichen Mustern der Interaktion; Stärkung der aktiven Anteile des Selbst; Ermöglichung von expressiv bedeutsamen Könnens-Erfahrungen.

3. ('Passiv konstituierte Versorgungs-Erwartung...' etc.): Vermittlung von Erfahrungen mit Anteilen von Verantwortlichkeit für andere, mit Notwendigkeiten psychischer Differenzierung; Lernen, eigene Wünsche zurückstellen zu können, aber auch, eigene Interessen geplant zur Geltung zu bringen.

4. ('Konformistische Selbstbeurteilung' kombiniert mit 'Leistungsorientierung...' etc.): Stärkung der aktiven Anteile des Ich, von Risikobereitschaft; Entwicklung der Fähigkeiten psychischer Differenzierung, der Reflexion eigener Antriebe und sozialer Erwartungen; Konturierung von Zukunftsvorstellungen, in denen eigene Projekte Platz haben.

5. ('Eigenständigkeit...' etc.): Auch dieser Prototyp, obwohl, wie gesagt, quantitativ weniger auffallend, soll hier zur Sprache kommen. Seine Probleme scheinen weit in die sozialisatorische Vorgeschichte hinabzureichen. Er hat sich ein kulturelles Muster (Eigenständigkeit, Gleichberechtigung, Beziehungsorientierung) zu eigen gemacht, das aber dennoch in schmerzliche Konflikte hineinführt. Die Aufgabe bestünde darin, Lebenssituationen zu ermöglichen, in denen der Egozentrismus zwanglos hintan gestellt werden kann, Eigenständigkeit in längeren Zeitperspektiven sich bewähren könnte und die eigene Person aus der Perspektive der anderen, ohne Frustrationen, zu akzeptieren möglich wäre" (Mollenhauer/Uhlendorf 1995, S. 129 f.).

11.5.1. Erlebnispädagogik und Intensive sozialpädagogische Einzelbetreuung

Um überhaupt einen Zugang zu äußerst schwierigen Jugendlichen zu bekommen, ist es oftmals notwendig, die tradierten pädagogischen Wege zu verlassen und neue Methoden anzuwenden. Die Erlebnispädagogik arbeitet mit in diesem Sinne neuen Methoden, mit denen viele ansonsten motivationslose Jugendliche zum freiwilligen Mittun angespornt werden. Bei erlebnispädagogischen Projekten handelt es sich nicht nur um Reiseprojekte. Erlebnispädagogik kann auch regional verwirklicht und im Bedarfsfall durch Reiseprojekte ergänzt werden. Ein als Beispiel ausgewähltes Jugendhilfeprojekt in freier Trägerschaft bietet für äußerst schwierige Jugendliche Betreuung in ambulanter Hilfsform aber auch betreutes Wohnen und die Aufnahme in ausgesuchten Projekten an. Die Jugendlichen erhalten die Gelegenheit in kleinen Handwerksbetrieben, in der Landwirtschaft oder in anderen kleinen Produktionsstätten ihre Fähigkeiten und Neigungen kennenzulernen. Im schulischen Bereich erfahren sie eine Einzelförderung, im therapeutischen Bereich stehen ihnen MitarbeiterInnen einer Kinder-

und Jugendpsychiatrie zur Seite. Die Mehrzahl der intensiv betreuten Jugendlichen dieses Jugendhilfeprojektes nimmt an erlebnisorientierten Reisen teil, deren Schwerpunkt auf körperlichem Training oder auf Entwicklungshilfe liegt (Mut zum Leben 1993). Was macht nun das Besondere der Erlebnispädagogik aus? Sie scheint zunächst eine „romantische Reaktion des Rückzugs" (Michl, W. 1992, S. 20) zu sein. Die entscheidenden Elemente der Maßnahmen vermitteln über den Alltag hinausgehende, aufregende Erlebnisse. Körperliche Tätigkeiten und aktives Handeln wird angeregt, und zugleich machen die Jugendlichen Erfahrungen in Grenzbereichen. Die Angebotspalette erlebnispädagogischer Aktivitäten und Projekte ist heute schier unüberschaubar. Sie reicht von erlebnisbetonten kommerziellen Urlaubsprojekten, z. B. künstlichen Erlebniswelten in Ferienparks, über Survivalkurse und Erlebniseinkäufe bis hin zu sozialen Projekten mit pädagogischer Planung und Durchführung wie etwa: längere Berghüttenaufenthalte, Saharadurchquerungen, pädagogisch einzelbegleitete Fahrten in ferne Länder, Umgang mit und Pflege von Tieren, pädagogisch/therapeutische Segelschiffreisen etc. (ausführliche Darstellungen von erlebnispädagogischen Projekten bei Homfeld, H. G. 1993).

„Die Erlebnispädagogik versteht sich als Alternative und Ergänzung tradierter und etablierter Erziehungs- und Bildungseinrichtungen. Sie ist in der Reformpädagogik verwurzelt, geriet nach dem II. Weltkrieg fast völlig in Vergessenheit und gewinnt in dem Maße in der Bundesrepublik Deutschland neuerlich an Bedeutung, wie sich Schul- und Sozialpädagogik kreativen Problemlösungsstrategien verschließen" (Ziegenspeck 1990, S. 464).

Herkömmliche pädagogische Methoden im Umgang mit und zur Therapie von massiv gestörten und auffälligen Jugendlichen basierten fast immer auf Konzepten, die eine Veränderung durch Einwirkung auf die vorliegenden Symptome beabsichtigten. Dabei waren die Jugendlichen diejenigen, die sich zu verändern hatten, dies wurde ihnen durch die Vorgehensweise der entsprechenden Institutionen unmißverständlich klargemacht. Die Zielsetzung der persönlichen Veränderung war von außen vorgegeben. Schon dieser Sachverhalt konnte die aktive Mitarbeit der jungen Menschen gefährden oder gar verhindern. Die Methoden alternativer Pädagogik setzen hingegen darauf, die Jugendlichen weder durch Institutionen noch durch fremdbestimmte Zielvorgaben einzuschränken, sondern gerade persönliche Freiheiten zu Veränderungen zu eröffnen, Veränderungen, die die Jugendlichen selbst wünschen. Es leuchtet ein, daß für eine solche aktive, individuelle Persönlichkeitsarbeit günstige Rahmenbedingungen vorliegen müssen und daß dieser Prozeß einen längeren Zeitraum benötigt.

11.5.2. Alternative: Sozialpädagogische/therapeutische Segelfahrten

Segelfahrten unter therapeutischem Aspekt für äußerst schwierige Jugendliche entwickelten sich seit Ende der 70er Jahre. Derzeit ist diese Form der Intensiven sozialpädagogischen Einzelbetreuung in zahlreichen unterschiedlichen Projekten angesiedelt; es liegen differenzierte pädagogische Erfahrungsberichte und Kritiken vor (z. B. Andorff, J. 1988; Sommerfeld, P. 1993). Extrem schwierige Jugendliche landeten früher oft in geschlossenen Heimen, in Jugendgefängnissen oder in der Psychiatrie. Die normale Heimerziehung erwartete, daß die Jugendlichen bestimmte Bedingungen erfüllten, ansonsten blieben sie ausgeschlossen, wurden als nicht pädagogisch förderbar, als nicht therapierbar angesehen. Es mutet daher sonderbar an, wenn ein Jugendhilfeprojekt in einer Beschreibung der Zielgruppe und der Auffälligkeiten genau das Gegenteil vornimmt. Denn hier werden Jugendliche nicht wegen vorhandener Probleme, Verhaltensdefizite und -abweichungen ausgeschlossen, vielmehr wird ein Problemverhalten als Aufnahmegrund vorausgesetzt. In der Konzeption der Jugendhilfe Hephata sieht dies folgendermaßen aus:

„Für die Teilnahme am Projekt der Heilpädagogischen Intensivbetreuung schätzen wir folgende Problemsituation ein:
1. Jugendliche, die durch ambulante und stationäre Hilfe nicht erreicht werden können.
2. Jugendliche, für die als Alternative zum Jugendstrafvollzug oder einer geschlossenen Unterbringung ein Angebot gemacht werden soll.
3. Jugendliche, die sich den bisherigen Hilfen entzogen haben.
Die durch die Problematik entwickelten Verhaltensauffälligkeiten drücken sich häufig durch folgende Symptome aus:
– Ausweichendes Verhalten
– Beziehungsstörungen
– Perspektivlosigkeit
– Leistungsverweigerung
– Delinquentes Verhalten
– Mangelndes Selbstwertgefühl" (Jugendhilfe Hephata 1994, S. 59).

Was geht von Segelschiffen aus, daß auf ihnen eine Therapie solch problematischer Jugendlicher möglich sein sollte? Zunächst ist darauf hinzuweisen, daß für therapeutische Segelfahrten eine Anzahl von Voraussetzungen vorliegen müssen, wenn beständige pädagogische Erfolge angestrebt werden. Eine wesentliche Voraussetzung ist die Gruppengröße. Die Gruppe muß überschaubar sein, damit das gegenseitige intensive Kennenlernen, das Austragen und Verarbeiten von Konflikten und das Zustandekommen von Beziehungen gefördert, zugleich aber ein Ausweichen verhindert wird (Ziegenspeck, J. 1983, S. 73). Übereinstimmend wird auch berichtet, „daß längere Fahrten den pädagogischen Zielvorstellungen eher entgegenkommen: der Erlebnisgehalt wird durch die längere Dauer von Fahrten – so die einhellige Meinung von Erziehern – wesentlich verstärkt; die neu gelernten und erlebten Verhaltensweisen werden durch eine längere Fahrtdauer deutlich gefestigt" (Ziegenspeck, J. 1983, S. 72 f.). Die entsprechenden Projekte mit eindeutig therapeutischer Zielsetzung bei äußerst schwierigen Jugendlichen halten daher eine halbjährige Dauer des Segeltörns für angemessen.

Ein Segelschiff kann einen idealen Rahmen bilden für Jugendliche, die sich ansonsten pädagogischen und therapeutischen Einflüssen entziehen. Das Schiff umschließt die Gruppe, niemand kann weglaufen, dennoch hat die Angelegenheit keinen Verschlußcharakter, denn es liegen natürliche Bedingungen vor. Die Jugendlichen sind nicht Passagiere, sie machen keine Kreuzfahrt, sondern sie sind Teil der Mannschaft. Alle an Bord des Segelschiffes befindlichen Personen werden gebraucht, sie müssen sich aktiv einsetzen, in der Selbstversorgung, beim Navigieren, beim Segelsetzen etc., nur dann kann die Reise gelingen und das Ziel erreicht werden. Auf dem Segelschiff erfahren sie sinnhaft, daß sich geistiger und körperlicher Einsatz lohnen, daß etwas in Bewegung gebracht werden kann und sichtbare Erfolge in Aussicht stehen. Für viele Jugendliche stellen allein die Tatsache, daß ihr Einsatz notwendig ist, und die damit in Verbindung stehenden Erfolgserlebnisse eine therapeutische Grundlage dar. Denn viele von ihnen hatten bislang ziel- und perspektivlos in den Tag gelebt und unter den bisherigen Bedingungen keinerlei Sinn in einem aktiven und konstruktiven Tun gesehen. Innerhalb der Gruppe und angesichts der Erfordernisse auf dem Schiff, müssen die Jugendlichen viele Verhaltensweisen ablegen und neue annehmen. Sie können nicht länger uninteressiert, inaktiv, apathisch, egozentrisch und ungestüm sein, denn das gefährdet das gemeinsame und individuelle Vorhaben, an ein bestimmtes Ziel zu gelangen. Die BetreuerInnen werden von den Jugendlichen weniger als ErzieherInnen oder als TherapeutInnen erlebt, sondern als Teil der Mannschaft. So mag eine Orientierung an einer erwachsenen Persönlichkeit, die ihr Erwachsensein positiv und unkompliziert darstellt, besser gelingen, als die oft zu einseitige Ausrichtung im üblichen TherapeutInnen-KlientInnen-Verhältnis.

In allen Berichten über therapeutische Segelfahrten ist immer wieder von Erlebnisorientierung die Rede. Diese Orientierung ist für die Motivation der Jugendlichen wichtig. Segeln an sich, mit seinem hohen Prestige und Image, ist schon ein Erlebnis. Dies wird enorm gesteigert, wenn auf dem Schiff für Wochen und Monate gelebt wird, wenn fremde Länder besucht werden und reale Gefahren zu überwinden sind. Der Alltag läßt Passivität nicht zu, die Situation zwingt zum Handeln, in Grenzbereichen kann konstruktiver Einsatz lebensnotwendig sein. Grenzerlebnisse auf dem Schiff, echte Gefahrenmomente, etwa bei hohem Seegang und Sturm, bilden wesentliche Erfahrungen für die Jugendlichen. Ganz bewußt werden die Segelfahrten deshalb nicht nur in ruhigen Gewässern, sondern auch in Nordsee und Atlantik durchgeführt. Durch Grenzerlebnisse können Erfahrungen verinnerlicht werden, die schwierige Jugendliche sonst kaum machen, die sie aber benötigen, um zu sich selbst zu finden und um vertrauensvolle und beständige Bindungen eingehen zu können. Wer in echten Gefahrenmomenten seinen Mann oder seine Frau steht, dabei den Zusammenhalt der Gruppe spürt, wird – nach bestandener Gefahr – Vertrauen in sich selbst und in seine Möglichkeiten haben. Anscheinend sind auch manche Jugendliche deshalb auffällig, weil sie innerhalb der technisierten Umwelt keine reale Gelegenheit mehr haben, ihre Fähigkeiten unter Beweis zu stellen. Im Alltag geht es längst nicht mehr ums Überleben, sondern ums bessere Leben. Sinnhaftigkeiten und Perspektiven können dabei verlorengehen. Daher sind existentielle Erfahrungen im Bereich der Erlebnispädagogik eine wesentliche Grundlage der Therapie. Sie stehen im Zusammenhang mit anderen Naturerfahrungen, mit den Elementen und mit Naturschönheiten, die manche zum ersten Mal als solche erkennen und schätzen lernen.

11.5.3. Zur Kritik an der Erlebnispädagogik

Wenn alternative pädagogische Maßnahmen mit Skepsis betrachtet werden, so vor allem deshalb, weil ihre Durchführbarkeit schnell an finanzielle, bürokratische und gesellschaftliche Grenzen stößt. Denn diese Form der Intensiven sozialpädagogischen Einzelbetreuung muß, ebenso wie andere Erziehungshilfen, vom örtlichen Jugendhilfeträger finanziert werden. Sie kostet in Einzelfällen etwa so viel wie die übliche Heimerziehung, deren Tagessätze sich durchschnittlich zwischen 200 und 250 DM bewegen, in anderen Fällen – dies ist abhängig vom Personalaufwand und von der Art und Weise der unterschiedlichen Projekte – aber auch über 300 DM pro Tag (Gintzel, U./Schrapper, C. 1991, S. 36 ff.).

In einer kritischen Analyse der Erlebnispädagogik wird der Frage nachgegangen, inwiefern Erleben überhaupt erziehen kann (Oelkers, 1992). Eine pädagogische Situation in Erlebnissen oder von ihnen ausgehend, ist sicherlich nicht allgemein zu unterstellen. Der erste Langstreckenflug zu einem fernen Kontinent wäre für viele bestimmt ein tolles Erlebnis, jedoch ist kein erzieherisches Element darin zu erkennen. Auch eine Hochgebirgswanderung mag ein besonders schönes, anstrengendes und anregendes Erlebnis in der Natur sein, aber auch diese Wanderung stellt allein für sich genommen keine pädagogische Situation dar. Es bedarf besonderer Naturräume (der Wildnis oder des Ozeans) und spezifischer Ausstattungsmerkmale (wie eine zivilisationsferne Hütte oder ein Segelschiff) als äußerer Bedingungen, um besondere Erlebnisse zuzulassen. Aber auch diese besonderen äußeren Bedingungen und die intensiven Erlebnisse, die sie vermitteln, sind noch keine pädagogische Situation im eigentlichen Sinne. Natur und Naturerfahrung verstehen wir vielmehr als Grundlage – gewissermaßen als therapeutisches Setting – auf der Pädagogik oder Therapie für äußerst schwierige Jugendliche aufbauen und stattfinden kann. Wo es an einer solchen aufbauenden Pädagogik oder Therapie fehlt, ist das Erlebnis eine bloße Episode. Aber selbst die Episode kann eine pädagogisch sinnvolle Zielsetzung sein, wenn solche Episoden lohnende Perspektiven für Jugendliche darstellen, für die sie zu motivieren sind.

Allein für sich genommen erziehen Erlebnisse ebensowenig, wie geschlossene Heime oder Psychiatrien an sich eine pädagogisch/therapeutische Wirkung zeigen. Goffman hat für solche Anstalten den Begriff „totale Institutionen" geprägt, weil deren Negativmerkmale den Alltag bestimmen und individuelle Entwicklungen kaum zulassen (Goffman, E. 1974). Was macht nun das therapeutische Milieu eines Segelschiffes aus, was unterscheidet es von einer „totalen Institution"? Es kann für massiv gestörte Jugendliche zwei wesentliche Grunderfahrungen bieten: Geborgenheit und Freiheit. Hier kommt dem Segelschiff psychische und symbolische Bedeutung zu. Die vom Schiff ausgehende Geborgenheit kann nicht vorhandenes oder verkümmertes Urvertrauen entwickeln helfen, heilsame Regressionen werden möglich, gruppendynamische Prozesse intensiver. Im Gegensatz hierzu steht die Freiheit der Reise, die Unendlichkeit des Meeres, der unverbaute Horizont. Diese Freiheitserfahrungen sind gerade für gestörte Jugendliche ungemein elementar. Hier verinnerlichen und verwirklichen sie einen Freiheitsspielraum ohne anzuecken, ohne destruktiv zu sein. Die Wechselwirkung von Freiheit und Geborgenheit entspricht in wohl vielen Fällen den Bedürfnissen der jungen Menschen, die infolge ihrer Sozialisation Defizite erlitten und nun nachzuholen haben.

Diese – wenn auch oft völlig neuen und ungeahnten – Erlebnisse werden bei äußerst schwierigen Jugendlichen allerdings nicht ausreichen, um zu lang andauernden Veränderungen im Verhalten zu gelangen. Um solche Erfolge zu erzielen, sind pädagogisch/therapeutische Konzepte systematisch an Bord zu verwirklichen, es gilt, pädagogische Methoden anzuwenden, die das Schiff mit seiner Erlebniswelt als Medium nutzen (Sommerfeld, P. 1993, S. 220). Nur pädagogisch oder therapeutisch ausgebildete Mitarbeiter, seien sie psychoanalytisch, verhaltenstherapeutisch oder gruppendynamisch orientiert, können die grundlegenden Rahmenbedingungen der Erlebnispädagogik in effektive Erziehungshilfe ummünzen. Wesentlich ist dabei, daß die fachspezifischen Vorgehensweisen auf den Erlebniswelten basieren und sich die pädagogischen Handlungsweisen der verschiedenen MitarbeiterInnen entsprechen.

11.6. Fachkräfte der Intensiven sozialpädagogischen Einzelbetreuung

Gintzel und Schrapper berichten aufgrund der Auswertung verschiedener Projekte der Intensiven sozialpädagogischen Einzelbetreuung, daß zwei Drittel der MitarbeiterInnen SozialpädagogInnen und SozialarbeiterInnen sind. Ansonsten arbeiten in solchen Projekten ErzieherInnen und DiplompädagogInnen. Auffallend ist das relativ hohe Alter der Fachkräfte. Zwei Drittel waren zwischen 30 und 40 Jahre alt. „Daraus ergibt sich ein deutlicher Hinweis darauf, daß für Projekte der Individuellen Einzelbetreuung in aller Regel ausgebildete und berufserfahrene MitarbeiterInnen eingestellt werden müssen und die Träger tun dies auch" (Gintzel, U./Schrapper, C. 1991, S. 31).
Wegen der hohen psychischen Beanspruchung innerhalb der intensiven Beziehungsarbeit mit schwer gestörten Jugendlichen und der erforderlichen Fähigkeit zur kritischen Reflexion, ist eine Supervision für die MitarbeiterInnen dieses Arbeitsfeldes unerläßlich.

LITERATUR

Arend, D. u.a.: Sich am Jugendlichen orientieren. Konzeptionelle Grundlagen und Erfahrungen aus der MOBILEN BETREUUNG (MOB) des Verbunds Sozialtherapeutischer Einrichtungen (VSE) Celle. Frankfurt a. M. 1987.
Gintzel, U./Schrapper, C.: Intensive sozialpädagogische Einzelbetreuung. Konzeptionen Kostenregelungen Praxis. Münster 1991.
Sommerfeld, P.: Erlebnispädagogisches Handeln. Ein Beitrag zur Erforschung konkreter pädagogischer Felder in ihrer Dynamik. Weinheim, München 1993.

Ziegenspeck, J.: Erlebnispädagogik. Segeln und Pädagogik – Pädagogik und Segeln. In: Unsere Jugend. 42. Jg. 1990. H. 11, S. 463-471.

12. Kooperation sozialer Dienste mit Kindergärten und Schulen

12.1. KINDERGÄRTEN UND SOZIALE DIENSTE

Der Kindergarten ist für Kinder im Vorschulalter in der Regel der erste prägende Sozialisationsbereich außerhalb der Familie. Die in diesem Alter zunehmende Ablösung und Verselbständigung gilt als wesentliche Voraussetzungen eines günstigen Entwicklungsprozesses. Kindergärten begleiten und unterstützen Kinder und Eltern während dieser wichtigen Phase. Eine situationsorientierte Kindergartenpädagogik versucht die Lebenssituation von Kindern und deren Familien zum Ausgangspunkt pädagogischer Prozesse und pädagogischer Förderung zu machen. Gerade in der Phase des Übertritts vom Elternhaus in den Kindergarten und im späteren Zusammenwirken der familiären und außerfamiliären Sozialisation können vorhandene Probleme und Schwierigkeiten im Verhaltens- und Erlebensbereich von Kindern offenbar werden. „Im Kindergarten begegnet die Erzieherin Kindern in einem Alter, in dem durch ein Heraustreten aus der Familie auch Verhaltensweisen sichtbar werden, die Hinweise auf mögliche Entwicklungshemmungen und -störungen geben" (Haberkorn 1988, S. 244). „Wie unsere Fallberichte sowie die Auswertung der Supervision mit Erzieherinnen belegen, suchen Kinder schmerzliche, kränkende und überwältigende Erlebnisse von außerhalb des Kindergartens hier zu reproduzieren, um sich damit zu entlasten und mit ihnen besser fertig zu werden" (Leber, A. u.a. 1989, S. 158). Wenn nun die ErzieherInnen die Schwierigkeiten und Störungen situationsorientiert verstehen und aufgreifen, das heißt, unter Berücksichtigung der Lebenssituation der Kinder, der Familie und des sozialen Umfeldes, dann steht dies im Einklang mit der Lebensweltorientierung im KJHG.
Wolf-Wedigo kommt aufgrund einer Zusammenstellung epidemologischer Studien zu der Einschätzung, daß die seelische Gesundheit bzw. die soziale Einordnung bei 13 - 24% aller Kinder in einem Maße gefährdet sei, daß eine psychologische oder ärztliche Behandlung oder Beratung notwendig erscheint. „Pro Kindergartengruppe wäre demnach mit zwei bis sechs auffälligen Kindern zu rechnen" (Wolf-Wedigo, W. 1995, S. 127). Um Gefährdungen und Störungen im Verhalten von Kindern zu verringern oder zu vermeiden, können ErzieherInnen im Kindergarten auf verschiedenen Ebenen tätig werden:

(1) Im Bereich der Prävention: ErzieherInnen können Eltern in allgemeinen Fragen der Erziehung beraten und auf Gefährdungen durch das Erziehungsverhalten und die Lebensgestaltung hinweisen. Diese Form der Elternberatung und Elternbildung kann zu einer Vermeidung oder Verringerung von Gefährdungen und Störungen der psychischen Entwicklung von Kindern beitragen.

(2) Im Bereich der Beratung bei vorliegenden Gefährdungen und Störungen: ErzieherInnen im Kindergartenbereich sind oftmals in der Lage, die Verhaltensweisen von Kindern objektiver zu beurteilen als dies Eltern möglich ist. Aufgrund ihrer pädagogischen Ausbildung sollten sie so kompetent sein, in schwierigen Erziehungsfragen nicht nur selbst zu beraten, sondern auch zu wissen, wann die Hinzuziehung von Fachkräften sozialer Dienste notwendig erscheint. Hierzu benötigen ErzieherInnen selbst umfassende Informationen über die Aufgabenbereiche, die Praxis und die Methoden solcher sozialen Dienste.

(3) Im Zusammenwirken bei vorliegenden Gefährdungen und Störungen: Wenn Gefährdungen oder Störungen im Erlebens- und Verhaltensbereich von Kindergartenkindern bzw. in deren sozialen Umfeld bereits eingetreten sind, dann ist eine Abstimmung zwischen Eltern und Kindergarten und der pädagogischen oder therapeutischen Dienste unbedingt erforderlich. Ansonsten besteht die Gefahr, daß sich einzelne oder gar alle Bereiche widersprechen und ein Erfolg verringert oder auch ganz in Frage gestellt wird.

Die Praxis im Kindergarten kann jedoch keinesfalls überall als ideal bezeichnet werden. Es zeigen sich Hemmnisse, Ausbildungsmängel, Unsicherheiten und Informationsmängel in

(1) der Arbeit mit dem Kind und insbesondere dem verhaltensgestörten Kind,
(2) der Nutzung von Gruppenprozessen,
(3) der Elternarbeit,
(4) der Elternberatung,
(5) der Vermittlung von Hilfsangeboten sozialer Dienste (Textor, M. R. 1991, S. 47 f.).

Viele ErzieherInnen kennen die unterschiedlichen Institutionen und Träger der Jugendhilfe in ihrer Gemeinde nicht, und es ist ihnen häufig auch nicht bewußt, „daß Kindertageseinrichtungen in ein System höchst unterschiedlicher Jugendhilfeangebote eingebettet sind" (Textor, M. R. 1996, S. 114). Dies erschwert die Beratung von Eltern in schwierigen Erziehungssituationen, vor allem wenn es notwendig ist, ExpertInnen hinzuzuziehen.

Im Bundesland Hessen fand in den 80er Jahren ein Modellversuch „Kindergarten und soziale Dienste" statt, in dem mehrere Kindertageseinrichtungen intensiv mit Erziehungsberatungsstellen kooperierten. Die Kooperationsbereiche der beteiligten Institutionen erstreckten sich beispielsweise auf:

(1) wöchentliche Treffen von MitarbeiterInnen einer Erziehungsberatungsstelle mit den Fachkräften eines Kindergartens,

(2) Gruppenhospitationen durch ErziehungsberaterInnen, Teilnahme an Dienstbesprechungen im Kindergarten,

(3) Wahrnehmung von Teamsupervision durch Fachkräfte aus der Erziehungsberatung,

(4) gemeinsame Fallbesprechungen zur Unterstützung im Umgang mit einzelnen Kindern,

(5) Hospitationen der KindergartenmitarbeiterInnen in einer Erziehungsberatungsstelle (Haberkorn, R. u.a. 1988).

Dieser Modellversuch diente nicht nur dem gegenseitigen Kennenlernen zweier unterschiedlicher Bereiche der Jugendhilfe. Ein weiterer wichtiger Aspekt war die Qualifizierung der MitarbeiterInnen der beiden Institutionen. Die Fachkräfte aus den Erziehungsberatungsstellen erhielten einen umfassenden Einblick in den Arbeitsbereich des Kindergartens, sie lernten erkennen, welche Fähigkeiten ErzieherInnen benötigen und wo aufgrund der Rahmenbedingungen Grenzen vorhanden sind. Die MitarbeiterInnen der Kindergärten erhielten von ErziehungsberaterInnen nicht nur neue Informationen über den Umgang und die Förderung schwieriger Kinder. Durch die gemeinsamen Dienst- und Fallbesprechungen und insbesondere durch die Teamsupervision verstärkten sich ihre beruflichen Selbsterfahrungs- und Reflexionsprozesse. Dadurch wurden sie sensibler beim Aufspüren und Bewerten von Gefährdungen und Störungen der Kinder. „In besonderem Maße kann die Kooperation mit Beratung und durch fachqualifizierte Mitarbeiter aus Erziehungsberatungsstellen dem Erhalt beruflicher Kompetenz und der angemessenen Förderung der Professionalisierung von Erzieherinnen dienen" (Haberkorn, R. u.a. 1988, S. 225).

Die Übertragung der Erfahrungen dieses Modellversuchs auf den gesamten Kindergarten- und Hortbereich könnte dazu verhelfen, Erziehungsschwierigkeiten und Störungen verstärkt präventiv zu begegnen, Eltern durch ihnen bekannte Personen besser zu beraten und notwendige Interventionen von Fachkräften sozialer Dienste ohne größere Zeit- und Reibungsverluste zu realisieren. Die Vernetzung sozialer Dienste mit Kindergärten und Horten erhöht die fachliche Kompetenz der dort tätigen ErzieherInnen und nützt letztlich den Kindern.

Schulsozialarbeit ist im KJHG nicht ausdrücklich erwähnt, sie läßt sich jedoch aus § 13 Abs. 1 ableiten. Danach sollen für benachteiligte und beeinträchtigte junge Menschen im Rahmen der Jugendhilfe sozialpädagogische Hilfen angeboten werden, die unter anderem ihre schulische Ausbildung und soziale Integration fördern. „Schulsozialarbeit setzt dort an, wo entweder die Schule defizitär ist (mangelhafter Lebensbezug) und/oder dort, wo sich Sozialisationsdefizite ausmachen lassen" (Grossmann, W. 1987, S. 127). In einer Rangskala lassen sich folgende Gründe für Schulsozialarbeit nennen:

(1) Verhaltensauffälligkeiten bei Kindern und Jugendlichen,
(2) Schwierigkeiten von Migrantenkindern und -jugendlichen,
(3) Lernschwierigkeiten, Schulversagen und Schuleschwänzen,
(4) Betreuung von SchülerInnen, deren Eltern alleinerziehend oder beide berufstätig sind,
(5) Übergangsschwierigkeiten von der Schule zum Beruf.

Außerdem sind Drogenprobleme und die zunehmende Gewaltbereitschaft und Gewalttätigkeit von SchülerInnen Interventionsgründe für Schulsozialarbeit.

Schulsozialarbeit wird vor allem in den SPD-regierten Bundesländern geleistet und hier wiederum vor allem an Gesamtschulen. ErzieherInnen, SozialpädagogInnen und SozialarbeiterInnen versuchen mit Methoden der sozialpädagogischen Einzelfallhilfe, der sozialen Gruppenarbeit aber auch durch Kulturarbeit sowohl präventiv als auch fördernd, regulierend und systemorientiert einzuwirken (Stickelmann, J. 1993, S. 806 ff.).

Das Konzept der Astrid-Lindgren-Schule (Schule für Erziehungshilfe) in Eschweiler bei Aachen sieht die Schulsozialarbeit als außerschulischen Bereich, der jedoch eng mit der Schule verzahnt ist. Als Schwerpunkte der Schulsozialarbeit an dieser Sonderschule werden genannt:

Diagnostik,
Arbeit mit den Familien,
Soziale Gruppenarbeit (Spielgruppenarbeit),
Einzelhilfe und Einzelförderung,
schulintegrierte Maßnahmen,
kollegiale Beratungsgespräche mit RegelschullehrerInnen und SonderschullehrerInnen,
Zusammenarbeit mit anderen Institutionen,
administrative Aufgaben (Kinnen, O. u.a. 1993, S. 233 f.).

Die Schule ist in Deutschland eine Institution, die sich traditionell auf den Vormittag konzentriert. Das Angebot an Ganztagsschulen ist relativ gering, gleichzeitig ist ein eklatanter Mangel an Horteinrichtungen für Schulkinder festzustellen. Viele Kinder und Jugendliche sind nach Unterrichtsende mehr oder weniger auf sich allein gestellt. Oftmals sind beide Elternteile berufstätig oder sie sind – häufig mit Alltagsproblemen belastet – damit überfordert, nach Schulabschluß als Ansprechpartner für ihre Kinder da zu sein. Bisweilen mangelt es auch an der materiellen Versorgung, Kinder müssen sich ihre Mahlzeiten selbst herrichten, sie sind mit ihren Hausaufgaben überlastet, und viele fühlen sich mit ihren akuten oder andauernden Befürchtungen, Ängsten, Nöten und Herausforderungen zumindest zeitweise allein gelassen. Die Veränderungen in unserer Gesellschaft, die Tendenz zur Vereinzelung von Familien, die fehlenden „freien Räume" für junge Menschen – die nicht mehr einfach auf die Straße zum Spielen gehen können und bei konsumorientierten Freizeitgestaltung meist nicht mithalten können – führten zu einer Vervielfachung von ungünstigen Lebenssituationen für Kinder und Jugendliche und damit zu erschwerenden und gefährdeten Sozialisationsbedingungen.

Den betroffenen Kindern und Jugendlichen fehlt es nach Schulschluß an einem Lebensumfeld, das gute Ausgangslagen bietet, weil es Entwicklungen und vor allem die Verselbständigung fördert, es fehlt ihnen die soziale Gruppenerfahrung unter günstigen Bedingungen, und es fehlen ihnen schließlich verläßliche erwachsene Bezugspersonen, die zuhören, helfen, fördern oder schlichten können und ihnen mit grundsätzlicher Akzeptanz begegnen.

Um solchen ungünstigen individuellen Ausgangslagen entgegenzuwirken, sind in vielen Städten neue Angebote der Tagesbetreuung für Schulkinder entstanden, die sich entweder im Rahmen bestehender Institutionen oder auch ganz neu etablierten. Die Angebotspalette reicht hier von Horteinrichtungen in Kindertagesstätten, Grundschulen und Jugendfreizeitstätten, über pädagogische Mittagstische, Hausaufgabenhilfen, Kooperationsmodellen zur Ganztagsbetreuung an Schulen bis hin zu pädagogisch betreuten Schüler-Cafes.

Die zeitweise Tagesbetreuung für SchülerInnen betrifft nicht nur die Versorgung mit Mahlzeiten, Hausaufgabenhilfe und Freizeitgestaltung. Unter dem Aspekt einer Vernetzung von Sozialarbeit und Sozialpädagogik entstanden zusätzliche Bereiche, die sich auf Elternarbeit – womit häufig eine Zusammenarbeit mit anderen Diensten der Jugendhilfe verbunden ist – und auf die Kooperation mit der Schule erstreckt.

Übereinstimmend wird berichtet, daß die von der Tagesbetreuung ausgehenden Kontakte zu Eltern sehr viel intensiver sind als dies in der Offenen Kinder- und Jugendarbeit der Fall ist. Wegen der Kontinuität der Tagesbetreuung ist auch eine Kontinuität in der Elternarbeit möglich. Neben allgemeinen Kontakten und Gesprächsmöglichkeiten finden beispielsweise auch gezielte Einzelgespräche mit Eltern statt, wenn diese besondere Probleme im Erziehungsverhalten haben. Die MitarbeiterInnen der Tagesbetreuungsprojekte versuchen möglichst viele Eltern zu erreichen und vor allem jene, deren Kinder schwer zu erziehen und/oder verhaltensgestört sind. Hierzu werden Beratungs- und Informationsgespräche, Eltern-Kind-Aktionen und individuelle Einzelfallhilfe durchgeführt. Unter anderem bieten die MitarbeiterInnen der Projekte auch Hilfestellung, um Kontakte zwischen Eltern und Diensten ambulanter Erziehungshilfen zu vermitteln (Deinet, U. 1996).

Ein einheitliches Konzept der unterschiedlichen Projekte der Tagesbetreuung für SchülerInnen existiert nicht, denn Arbeitsformen und Zielsetzungen sind jeweils abhängig von den gegebenen Rahmenbedingungen der Institutionen und Stadtteile, von den unterschiedlichen Trägern sowie von den spezifischen Bedürfnissen der Zielgruppen. Allen Projekten ist jedoch gemeinsam, daß gelegentliche bis intensive Arbeitskontakte mit Schulen entstanden, bisweilen auch modellhafte Kooperationsformen.

Die konzeptionellen Auffassungen von Schulpädagogik und Sozialarbeit/Sozialpädagogik weisen häufig in entgegengesetzte Richtungen. Leistungsdefizite und/oder Verhaltensstörungen werden in der Schule oftmals der einzelnen SchülerIn angelastet, deren Förderung sich unter diesem Aspekt auf einzelne Persönlichkeitsbereiche beschränken kann. Sozialarbeit und Sozialpädagogik gehen traditionell von einem eher ganzheitlichen Verständnis aus und beziehen das Lebensumfeld der Kinder stärker ein. Erschwert werden kann die Kooperation zwischen Jugendarbeit und Schule überdies durch die vorhandenen Statusunterschiede, durch die unterschiedlichen Arbeitszeiten und vor allem durch unterschiedliche Erziehungsauffassungen. Für viele Projekte der Tagesbetreuung war es daher wichtig, sich von der Schule abzugrenzen, wenn zu hohe Erwartungen und Leistungsanforderungen gestellt wurden. Bisweilen mußte verhindert werden, daß sich schulisches Anspruchsverhalten in die Tagesbetreuung hinein verlagerte. Symptomatisch für diese Situation ist das Beispiel eines Schüler-Cafes. Zur Abgrenzung von der Schule mußte die Tagesbetreuung auf eine Vereinbarung drängen, das Schüler-Cafe als „lehrerfreien Raum" zu konzipieren, denn die SchülerInnen wollten nicht auch noch nach Schulschluß mit ihren LehrerInnen zusammentreffen (Homfeld/Deinet 1996, S. 60).

Die Möglichkeiten der Kooperation zwischen Tagesbetreuungsformen und der Schule sind naturgemäß dann besonders groß, wenn diese Institutionen räumlich in die Schule integriert sind. Aber auch hier zeigt sich die Notwendigkeit klarer Absprachen, auch um bestehende Vorurteile auf beiden Seiten abzubauen. Arbeitskontakte und Kooperationsformen zwischen den MitarbeiterInnen von „Schulkinder-Häusern" und Lehrpersonal erstrecken sich beispielsweise von kurzen informellen Gesprächen zwischen Tür- und Angel, dem gemeinsamen Verbringen von Pausen, über die Zusammenarbeit in Arbeitskreisen, bei Projekttagen, Festen und Elternabenden bis hin zu gemeinsamen Dienstbesprechungen, Konferenzen und gemeinsamer Teilnahme an Seminaren und Fortbildungsveranstaltungen (Kehsberg, E. 1996, S. 123 f.). Eine gute und gelungene Kooperation beider pädagogischer Arbeitsbereiche trägt entscheidend zu gegenseitigem Verständnis und Anerkennung bei.

„Die Rückmeldung der Lehrkräfte an die Erzieherinnen/Erzieher zu den Auswirkungen der Betreuung im Schulkinder-Haus sind sehr positiv. Nicht nur, daß sich bei den meisten Kindern die schulischen Leistungen verbessert haben, sondern die Lehrkräfte erhalten durch die Erzieher/innen in Fachgesprächen auch häufig konkrete Rückmeldungen bezogen z. B. auf Unterrichtsinhalte, Hausaufgabenquantität. Darüber hinaus hat sich das soziale Verhalten einzelner Kinder insgesamt verbessert, was u.a. auch die Unterrichtsgestaltung und -durchführung erleichtert. Diese Erfahrungen und die grundlegende Information über den Erziehungs- und Bildungsauftrag des Hortes haben zu einer großen Akzeptanz der Arbeit der Erzieher/innen und damit auch des Schulkinderhauses geführt" (Kehsberg, E. 1996, S. 126).

Die Öffnung der Jugendarbeit für Aufgaben der Tagesbetreuung von Schulkindern und die Kooperation mit der Schule kann dazu verhelfen, daß wesentliche Lebens- und Sozialisationsbereiche von jungen Menschen nicht länger getrennt bleiben. Gemeinsame ganzheitliche Betrachtungsweisen, Analysen und pädagogische Interventionen können dazu führen, bestehende Benachteiligungen und Gefährdungen abzubauen und künftige zu verhindern. In diesem Sinne kann die Tagesbetreuung einen wesentlichen Beitrag zur lebensweltorientierten Zielsetzung der Jugendhilfe leisten.

12.4. Beispiele von modellhaften Kooperationsformen und Vernetzungen (Sonder)schulpädagogischer und ambulanter Erziehungshilfen

„An Schulen für Erziehungshilfe werden durchgängig Kinder und Jugendliche beschult, die außer ihren schulischen Problemen vor allem Lebensprobleme haben. Schulische Erziehungshilfe hat daher immer etwas mit Hilfe zur Erziehung gemäß Kinder- und Jugendhilfegesetz zu tun. Daher gehört Sozialarbeit als integrativer Bestandteil von Unterricht, Erziehung und sonderpädagogischen Maßnahmen an jede Schule für Erziehungshilfe" (Kaiser, H. 1994, S. 350).

Eine Vernetzung der Aufgabenbereiche von Schule und Jugendhilfe kann wesentlich dazu beitragen Separation zu vermeiden, Integration zu fördern und Probleme dort zu lösen, wo sie in der Regel entstehen, nämlich im Alltag von Kindern und Jugendlichen.
Anhand der Darstellung einiger modellhafter Kooperationsformen soll dies verdeutlicht werden. Viele Beiträge heben vor allem die Bedeutung der Kooperation von Sonderschule und Schulsozialarbeit hervor. Es wurde erkannt, „daß die fachlichen Kompetenzen der Sonderschullehrer/innen nicht 'unerschöpflich' sind und z. B. sozialpädagogische Fachkräfte erforderlich waren" (Weidinger, C. A. 1994, S. 291). „Zu einem funktionierenden flexiblen sonder- und sozialpädagogischen Fördersystem gehört unabdingbar die Arbeit des Schulsozialarbeiters. Sein Arbeitsfeld ist primär das Elternhaus und das soziale Umfeld des Schülers. Positive Veränderungen im Sozialverhalten des Schülers sind im allgemeinen nur zu erreichen, wenn Korrekturen im Erziehungsverhalten vorgenommen werden" (Monnartz, E./Reuß, W. 1993, S. 88).

12.4.1. Schulische Erziehungshilfe in Hamburg

Die Schulische Erziehungshilfe entstand in Hamburg nachdem dort alle Heimschulen aufgelöst waren. Sie richtete sich zunächst ausschließlich an in Heimen lebende Minderjährige, „die aus dem System Schule herausgefallen sind oder herauszufallen drohen, weil sie
– vom Schulbesuch ausgeschlossen wurden oder ein solcher Ausschluß droht oder
– der Schulversuch dauerhaft verweigert wird oder weil sich ein dauerhaftes Fernbleiben ankündigt" (Amt für Jugend 1991, S. 3).

Unter Verweis auf das neue Kinder- und Jugendhilfegesetz wird in Abstimmung zwischen dem Amt für Schule und dem Amt für Jugend

Schulische Erziehungshilfe nun auch für Kinder und Jugendliche angeboten, die nicht im Heim leben, sondern andere Formen der Hilfe zur Erziehung erfahren, also beispielsweise ambulante Erziehungshilfen.

„In jedem der sieben Hamburger Stadtbezirke gibt es eine Schulstelle für SE. Für sie gelten die gleichen Bestimmungen wie für die Sonderschulen des Amtes für Schule. Die Dienst- und Fachaufsicht liegt bei dem zuständigen Oberschulrat im Amt für Jugend. Die SE muß von den Erziehungsberechtigten und deren Bevollmächtigten oder der Schule, bei der ein Schüler gemeldet ist, direkt bei der SE-Schulstelle des jeweiligen Bezirks beantragt werden. Diese führt ein Aufnahmeverfahren durch, dessen Ergebnis in einem sonderpädagogischen Gutachten festgehalten wird. SE zielt auf individuelle Förderung. Didaktik und Methodik des Unterrichts orientieren sich daher an den Fähigkeiten, dem Leistungsvermögen, dem Leistungsstand und an den jeweiligen Problemlagen des einzelnen Schülers. Die Arbeit des Lehrers ist somit nicht darauf gerichtet, in Form von Klassenunterricht Lernziele anzustreben, sondern richtet sich nach der Lernausgangslage des einzelnen Schülers. Dies erfordert jeweils individuell erarbeitete Förderungspläne und Arbeitsformen" (Kugler, A. 1984, S. 70).

Die Ausgestaltung der Schulischen Erziehungshilfe orientiert sich daran, daß sie erst dann zum Einsatz kommen soll, wenn die Schule mit ihren Möglichkeiten prinzipiell am Ende ist. Die gegenwärtige Praxis Schulischer Erziehungshilfe geht vor allem davon aus, daß

(1) insbesondere zu Beginn einer Phase es primär erforderlich sein kann, eine tragfähige Beziehung aufzubauen. Deshalb werden Lehrpläne zunächst nicht immer berücksichtigt, die SchülerInnen werden durch Aktivitäten motiviert, die normalerweise nicht zum Schulalltag gehören, wie z. B. sportliche Unternehmungen, gemeinsame Besuche von Veranstaltungen, handwerkliches oder hauswirtschaftliches Arbeiten,
(2) es auch nicht möglich ist, für die weiteren Phasen feste Pläne oder Regeln aufzustellen. Um einem drohenden Ausschluß von der Schule zu begegnen, kann eine unterrichtsbegleitende Hilfe angeboten werden, beispielsweise in Form eines „Team-teaching's" oder auch durch zeitweilige außerschulische Aktivitäten während der Unterrichtszeit,
(3) eine Förderung auch dann möglich ist, wenn sie momentan nicht mehr oder noch nicht im Rahmen der Regelschule erfolgen kann. In solchen Fällen bietet die Schulische Erziehungshilfe in eigenen Räumen Unterricht an. Jeweils im Einzelfall muß entschieden werden, ob dieser in Gruppen stattfinden kann und wie die Größe und Zusammensetzung solcher Gruppen sein sollte,
(4) bei älteren SchülerInnen auch das Ziel sein kann, den Hauptschul-

abschluß im Rahmen der Schulischen Erziehungshilfe zu absolvieren, die Reintegration in die Regelschule also nicht auf jeden Fall anzustreben ist (Amt für Jugend 1991).

12.4.2. Kooperation von Schule und Jugendhilfe in Berlin

Ein in einem östlichen Stadtteil Berlins angesiedeltes Modell zur „Förderung verhaltensgestörter Kinder und Jugendlicher im Schulalter in Kooperation von Schule und Jugendhilfe" versucht Möglichkeiten zu finden, erzieherische Hilfeleistungen beider Bereiche für verhaltensgestörte Kinder und Jugendliche miteinander zu verbinden. Ziel ist, eine ganzheitliche, individuelle und problemspezifische Hilfe innerhalb einer flexiblen Gesamtstruktur zu erreichen. Die Grundlage dieses Modellversuchs bildet der systemische Ansatz.

Ausgehend von der Erkenntnis, daß Verhaltensstörungen vorrangig sozial verursacht sind, sollen Kinder und Jugendliche „durch individuelle Förderung und Zuwendung lernen, was sie aufgrund der speziellen Umstände und Beziehungen nicht erlernen und erfahren konnten" (Senatsverwaltung 1993, S. 4). Durch veränderte Unterrichtsformen, ambulante Betreuung, Nachlernen, Therapie, Freizeitgestaltung und Gespräche wird versucht, eine Einheit von kognitivem und sozialem Lernen zu erreichen. Das Konzept setzt auf folgende Schwerpunkte:

„– Ergründen auslösender Faktoren und Bedingungen der Verhaltensstörung im sozialen Umfeld des Kindes sowie auf Beratung und Hilfe bei deren Veränderung (z. B. gemeinsamer Förderplan von Schule und Jugendhilfe),
– Ich-Stärkung des verhaltensgestörten Kindes und auf die Freiwilligkeit seiner Mitwirkung über ein bestehendes oder zu weckendes Interessengebiet,
– stärkere Betonung emotionaler Dimensionen im Unterricht, bei Freizeitaktivitäten und Therapie,
– Individualisierung, eine verstärkte Arbeit mit Medien, auf die Mitentscheidung der Kinder bei der schulischen Lebensgestaltung,
– Entwicklung der Fähigkeit, Freizeitangebote im Wohnbezirk in die sinnvolle Gestaltung des eigenen Lebens einbeziehen zu können und aktiv zu nutzen,
– altersentsprechende Aufbereitung der Thematik - Sucht, Gewalt, Aidsprävention" (Senatsverwaltung 1993, S. 4 f.).

Erlebnispädagogischen Elementen in der pädagogischen Arbeit mit den verhaltensgestörten SchülerInnen wird ein hoher Stellenwert beigemessen. Der Hauptansatz des Vorhabens zielt ab auf Prävention, daher können ambulante Hilfen schon bei fünfjährigen Kindern im Kindergarten einsetzen, also möglicherweise bevor sich Störungen verfestigt haben. Weitere Aspekte der Kooperation zwischen Schule und Jugendhilfe sind:

(1) Für verhaltensgestörte Kinder im Grundschulalter, die durch die allgemeine Schule nicht ausreichend gefördert werden können, stehen „Ambulanzlehrer" zur Verfügung. Außerdem werden im Einzelfall die Dienste von Erziehungsberatungsstellen in Anspruch genommen bzw. die des Schulpsychologischen Dienstes.

(2) Für Kinder, deren Probleme schon so massiv sind, daß ihnen innerhalb der Grundschule trotz der Hilfestellung von AmbulanzlehrerInnen und TherapeutInnen nicht ausreichend geholfen werden kann, steht eine Lernwerkstatt im sonderpädagogischen Förderzentrum zur Verfügung. Mit speziell abgestimmten pädagogischen Methoden (z. B. Individualunterricht) sollen sie hier zeitweilig unterrichtet und gefördert werden. Das sonderpädagogische Förderzentrum bietet auch Maßnahmen therapeutischer Gruppenarbeit an.

12.4.3. Schule für Erziehungshilfe der Bergischen Diakonie Aprath

Die Kinder- und Jugendhilfe Aprath versteht sich als ein „multiprofessionelles Förderzentrum" und leistet in einem Verbundsystem stationäre, teilstationäre und ambulante Hilfen für psychisch kranke und verhaltensauffällige Kinder und Jugendliche. Auch bei den ambulanten schulischen Diensten ist die multiprofessionelle Ausrichtung der Kinder- und Jugendhilfe Aprath das wesentliche Merkmal. Sozial-, HeilpädagogInnen, PsychologInnen, TherapeutInnen, ÄrztInnen, PsychiaterInnen und SonderschullehrerInnen arbeiten hier eng zusammen. Eine präventive Förderung kommt SchülerInnen der Grundschule zugute, die im Lern-, Leistungs- oder Sozialverhalten erkennen lassen, daß sie gefährdet und spätere Störungen und Entwicklungsabweichungen zu erwarten sind. „Durch das Zusammenwirken von allgemeiner Pädagogik, Sonderpädagogik und Sozial- und Heilpädagogik unter Einbeziehung des sozialen Umfeldes des Kindes sollen die sich abzeichnenden Fehlentwicklungen sowohl bei Einzelnen als auch im sozialen Gefüge erkannt und so verändert werden, daß positive soziale Kompetenzen entwickelt werden können. Diese Fördermaßnahmen lassen sich zwischen den nicht ausreichenden rein ambulanten Hilfen und den noch nicht notwendigen weitergehenden teilstationären oder stationären Hilfen einordnen. Der zeitliche Rahmen beträgt 1 bis 3 Jahre" (Krüger, K.-H. u.a. 1994, S. 261). Die Zusammenarbeit erfolgt unter systemischen Aspekten, wesentliche Bestandteile der Förderung sind beispielsweise Beratungsgespräche, die wöchentlich zwischen Regelschullehrerinnen, SozialpädagogInnen und SonderschullehrerInnen stattfinden und auch den Austausch mit den Eltern berücksichtigen. Eine kinder- und jugendpsychiatrische Ambulanz des Zentrums steht Eltern zur Verfügung, die wegen der Probleme ihres Kindes Beratung benötigen. Bei solcher Beratung wird Wert darauf gelegt, auch die familiären Zusammenhänge zu thematisieren. Nach Bedarf können die Kinder im Zentrum ambulant von den verschiedenen Fachkräften untersucht werden. Die Mitglieder einer Ambulanzkonferenz beraten gleichberechtigt aufgrund der Falldarstellung und Diagnose über Art, Umfang und Ort der bestmöglichen Förderung für das Kind und für seine Familie (Krüger, K.-H. u. a. 1994, S. 262).

12.4.4. Flexibles Fördersystem der Astrid-Lindgren-Schule des Kreises Aachen

Die 1985 in Eschweiler bei Aachen gegründete Astrid-Lindgren-Schule wurde als Schule für Erziehungshilfe mit fünf Arbeitsschwerpunkten konzipiert:

„ – Der Beratungsbereich. Hier werden die Schulen im Vorfeld des Sonderschulaufnahmeverfahrens im Bereich ihrer Arbeit mit Schülern mit Verhaltensauffälligkeiten kooperativ beraten.
– Das schulintegrative Arbeitsfeld in den allgemeinen Schulen.
– Das außerschulische Arbeitsfeld (Schulsozialarbeit in den Bereichen Elternarbeit und Freizeitbereich des Schülers).
– Der Stammschulbereich mit Kleinstgruppen für jeweils 6-9 Schüler.
– Der Bereich der therapieorientierten Maßnahmen (Reittherapie, Mototherapie, Spiel- und Kunsttherapie)" (Floehr, M. P./Reuß, W. 1990, S. 2; vgl. auch Förderverein 1990).

Das flexible schulische und außerschulische Fördersystem der Astrid-Lindgren-Schule zielt darauf ab, Verhaltensstörungen bei SchülerInnen im Primarbereich zu vermeiden, zu vermindern bzw. zu beheben. Dabei spielen verschiedene Formen der Kooperation eine große Rolle. Eine Beratung durch MitarbeiterInnen der Schule findet in Zusammenarbeit mit allgemeinbildenden Schulen statt. Sie dient der Prävention, um eine Sonderschulbedürftigkeit möglichst zu vermeiden. Beraten werden LehrerInnen, Eltern und SchülerInnen. Als sehr wichtig gilt die Freiwilligkeit der Kooperation, die aber dennoch institutionalisiert sein und somit zum normalen Schulalltag gehören soll. Grundlagen der Beratung sind Unterrichtsbeobachtungen, Gespräche mit KlassenlehrerInnen und den sonstigen LehrerInnen, mit den Eltern und den SchülerInnen selbst sowie mit anderen Personen und Institutionen der Erzie-

hungshilfe. Die Beratung ist beendet, wenn alle Beteiligten sicher davon ausgehen können, allein zurechtzukommen, wenn andere soziale Dienste an die Stelle der Beratung treten oder wenn Einvernehmen darüber erzielt wurde, daß Beratung allein nicht ausreichen kann und die Aufnahme in eine Sonderschule eingeleitet wird. Durch die gemeinsamen Gespräche mit allen an der Erziehung eines Kindes beteiligten Personen können gemeinsame Problemdefinitionen gefunden und pädagogische Zielsetzungen und Fördermaßnahmen koordiniert werden.
Ein anderer wesentlicher Bestandteil des Fördersystems ist die Schulsozialarbeit. Sie nimmt insbesondere die folgenden Aufgabenbereiche wahr:

Einzelfallhilfe, Einzelförderung,
Soziale Gruppenarbeit,
intensive Elternberatung,
wöchentliche Teamsitzungen zwischen SonderschullehrerInnen und SchulsozialarbeiterInnen,
Kooperation zwischen SonderschullehrerIn, KlassenlehrerIn und SchulsozialarbeiterIn,
Kooperation mit anderen Diensten (Greuel, N./Nick, S. 1993, S. 139 ff.).

12.4.5. Zentrum für Erziehungshilfe der Stadt Frankfurt am Main

Die Entwicklung eines sonderpädagogischen Fördersystems für Kinder und Jugendliche mit Lern- und Verhaltensproblemen sollte sich an den nachfolgenden Kriterien orientieren:

„1. Vernetzung der Hilfesysteme
2. Differenzierung der Angebote
3. Anschluß an die vorhandenen Ressourcen
4. Entwicklung in Richtung Integration
5. Entwicklung aus der systemeigenen Dynamik heraus"
(Reiser, H. 1993, S. 24).

Das nach mehrjähriger Vorbereitungsarbeit zum Schuljahr 1994/95 errichtete Zentrum für Erziehungshilfe in Frankfurt bemüht sich diesen fünf Kriterien zu entsprechen (vgl. Reiser, H./Loeken, H. 1993):
Das Zentrum für Erziehungshilfe verfolgt ein koordiniertes Konzept integrativer Hilfen für Kinder und Jugendliche mit schwerwiegenden Verhaltensproblemen. Einen zentralen Stellenwert nimmt dabei die Kooperation von Schule und Jugendhilfe ein, da es bei den Frankfurter Schulen für Erziehungshilfe und den ambulanten Erziehungshilfen an einer solchen Zusammenarbeit mangelte. Ebenso fehlte es letzteren an

qualifizierten und finanziell abgesicherten Fachkräften, die Aufgaben der Einzelbetreuung übernehmen konnten. Das Konzept des Förderzentrums sieht für die Klassenstufen 1 - 7 ausschließlich ambulante Fördermaßnahmen vor, in der 8. und 9. Klasse erfolgt die Betreuung entweder ambulant oder in einer dem Zentrum angeschlossenen Lernwerkstatt.

Kinder der Klassen 1 - 7 werden nur dann durch das Förderzentrum weiterbetreut, wenn ein Bedarf an ambulanten erzieherischen und/oder therapeutischen Hilfen vorliegt. Für die SchülerInnen der Lernwerkstatt ist die Sonderschule des Zentrums die Stammschule. Der Besuch der Lernwerkstatt ist immer verbunden mit einer teilstationären Maßnahme nach § 32 KJHG (Erziehung in einer Tagesgruppe). Mit Ausnahme der Lernwerkstatt sind die Einrichtungen des Zentrums für Erziehungshilfe dezentral über das Stadtgebiet verteilt.

Allgemeine Aufgabe des Förderzentrums ist, Kinder und Jugendliche mit schwerwiegenden Verhaltensproblemen adäquat zu fördern und zur Klärung der Probleme beizutragen. Die ambulante Arbeit verfolgt als Ziele: Separation zu vermeiden, wieder in die Regelschule einzugliedern, je nach Einzelfall eine vorübergehende Einzelbeschulung vorzunehmen oder die Kinder und Jugendlichen in spezielle teilstationäre oder stationäre Institutionen zu vermitteln. Die Koordination von Schule und Jugendhilfe spielt eine große Rolle bei Interventionen, die nicht nur das einzelne Kind, sondern auch dessen soziales Umfeld betreffen. So kann es gelingen, Fördermaßnahmen gezielter und exakter auf den individuellen Fall auszurichten. Die permanente Zusammenarbeit von Schule, Jugendhilfe und Elternhaus soll dazu beitragen, unterschiedliche Sichtweisen und Positionen zu klären und gemeinsame Ziele zu finden.

Die Lernwerkstatt richtet sich an 14-15jährige SchülerInnen, die entweder in der Schule als nicht mehr tragbar gelten oder die Schule nicht mehr aufsuchen wollen oder können. Das alternative Lernangebot der Schulwerkstatt verknüpft praktische und theoretische Lernerfahrungen. SonderschullehrerIn, SozialarbeiterIn und MeisterIn bilden ein kooperatives Team für die kleinen und beständigen Gruppen der Lernwerkstatt. Die TeilnehmerInnen erhalten durch die intensive sozialpädagogische Begleitung und Freizeitgestaltung, durch die Auseinandersetzung mit Arbeitsprojekten (z. B. Metallbearbeitung, Computertechnik, Zweiradmechanik, Kochen, Holzbearbeitung) und die Möglichkeit der Einzelförderung neue Motivationen zum Lernen und zur Auseinandersetzung mit der eigenen Lebenssituation wie auch zur Entwicklung von Lebensperspektiven. Familienarbeit ist ein beständiges Angebot der sozialpädagogischen Betreuung innerhalb der Lernwerkstatt, die zweimal pro Jahr auch erlebnispädagogisch orientierte Freizeiten durchführt.

Die Arbeitsweise des Zentrums für Erziehungshilfe zeichnet sich durch eine regelhafte Kooperation zwischen Schule und Jugendhilfe aus. Psychoanalytische und systemische Ansätze bilden die wissenschaftlichen Grundlagen. Ein erster Schritt um ein schwer verhaltensgestörtes Kind verstehen zu können, besteht meist darin, seine Verhaltensmuster als subjektiv sinnvoll zu akzeptieren. Dabei ermöglicht der Austausch von Informationen zwischen Schule, Jugendhilfe und Elternhaus, zu einer Kind-Umfeld-Diagnose zu gelangen. Gemeinsam erarbeitete Problemlösungsstrategien und Ziele haben insofern nicht nur eine Veränderung des Kindes, sondern ebenso eine Veränderung der Umweltbedingungen innerhalb und außerhalb der Schule im Blickpunkt.

Kinder, die wegen massiver Verhaltensprobleme keine Schule besuchen, können nach der Diagnosephase für einen Zeitraum von maximal 9 Monaten durch eine Lehrkraft der Schule am Förderzentrum oder im begründeten Einzelfall sozialpädagogisch einzelbetreut werden.

LITERATUR

Deinet, U. (Hrsg.): Schule aus - Jugendhaus? Praxishandbuch. Ganztageskonzepte und Kooperationsmodelle in Jugendhilfe und Schule. Münster 1996.

Benkmann, K. H./Saueressig, K. (Hrsg.): Fördern durch flexible Erziehungshilfe. Dortmund 1994.

Pädagogik in Bewegung. Integrative Förderung und Ganzheitliche Erziehung bei Lern-, Sprach- und Verhaltensstörungen. Prävention – Beratung – Kooperation – Sozialarbeit – Therapie. Dokumentation des 1. Symposiums an der Astrid-Lindgren-Schule. Eschweiler 1993.

Reiser, H./Loeken, H.: Das Zentrum für Erziehungshilfe der Stadt Frankfurt am Main. Kooperation von Schule und Jugendhilfe. Solms 1993.

Textor, M. R. (Hrsg.): Problemkinder? Auffällige Kinder in Kindergarten und Hort. Weinheim, Basel 1996.

13. Flexible Erziehungshilfen, Jugendhilfestationen

13.1. Eine fiktive, aber vielleicht doch realistische Fallgeschichte

Frau Stein kommt auf Anraten ihres Kinderarztes mit ihrer achtjährigen Tochter zu einer Erziehungsberatungsstelle. Grund der Vorstellung ist das nächtliche Einnässen von Heike. Der Kinderarzt ist der Meinung, organisch sei alles in Ordnung, nun brauche man einen Psychologen. Aufgrund des Verhaltens des Kindes und mehrerer beratender Gespräche mit der Mutter kommt die Psychologin zu der Auffassung, daß Heike sich in einer sehr angespannten Lebenssituation befindet. Sie zeigt sehr wenig Selbstvertrauen, ist häufig ängstlich und in der Schule eine Außenseiterin, obwohl sie keine Leistungsprobleme hat. Die Psychologin schlägt Entspannungsübungen in einer heilpädagogisch geleiteten Kindergruppe vor, außerdem empfiehlt sie eine Spieltherapie. Die Mutter kann an den Therapiesitzungen als stille Beobachterin teilnehmen und erlebt, wie sich in einer Atmosphäre der Akzeptanz und des Gewährenlassens das Verhalten des Mädchens ändert. Das Symptom Einnässen verringert sich auch allmählich, es tauchen jedoch andere Schwierigkeiten auf. In der Schule fällt auf, daß Heike an manchen Tagen sehr schlecht versorgt wird, die Mutter meldet das Kind außerdem sehr oft krank. Die Ehe der Eltern befindet sich einer Krise, der Vater hat berufliche Probleme und wirft seiner Frau vor, daß er sein Jurastudium habe abbrechen müssen, weil die Tochter geboren wurde und er Geld verdienen mußte. In solchen Situationen reagiert Frau Stein sehr depressiv, sie bindet ihre Tochter eng an sich, braucht ihre Anwesenheit auch tagsüber und schickt sie deshalb bisweilen nicht zur Schule. In diesen depressiven Phasen ist Frau Stein kaum in der Lage den Haushalt zu versorgen, es kommt zu Spontaneinkäufen, welche die ohnehin enge finanzielle Situation der Familie noch verschlimmern.

Angesichts dieser Umstände wird der Einsatz einer Familienhelferin vereinbart. Im Rahmen der Sozialpädagogischen Familienhilfe soll sie bei den Kommunikationsschwierigkeiten der Familie helfen, bei der Haushaltsführung entlasten und in Erziehungsfragen beraten. Nachdem die Familienhelferin einige Monate „vor Ort" tätig war, zeigen sich noch keine nachhaltigen Veränderungen. Im Gegenteil belasten die Streitigkeiten der Eltern und die Depressionen der Mutter Heike so stark, daß sie sich immer mehr zurückzieht und sehr apathisch wirkt. Mit ihrem eigenen Einverständnis und dem der Eltern wird Heike deshalb in einer Tagesgruppe aufgenommen. Hier soll sie vor allem zur Ruhe kommen, lernen, Selbstvertrauen aufzubauen sowie durch sozialpädagogische Einzel- und Gruppenmaßnahmen insgesamt wieder aktiver werden. Die MitarbeiterInnen der Tagesgruppe kommen allerdings, nachdem sie Heike und deren Eltern besser kennengelernt haben, zu der Ansicht, daß für diese Familie eine Familientherapie unbedingt angezeigt ist. Eine solche Familientherapie wird dann auch begleitend zur Tagesgruppenarbeit durchgeführt, allerdings nicht in der Erziehungsberatungsstelle, die Frau Stein am Anfang aufsuchte. Dort hat man andere therapeutische Schwerpunkte, deshalb wurde Familie Stein an einen Familientherapeuten einer anderen Institution in anderer Trägerschaft verwiesen.

Wenn wir uns diese fiktive Fallgeschichte weiter ausmalen, wird Heike als Jugendliche vielleicht in eine Maßnahme der Sozialen Gruppenarbeit integriert werden oder sie läuft ständig von zu Hause weg, entzieht sich allen persönlichen Beziehungen und benötigt dann eventuell eine Intensive sozialpädagogische Einzelbetreuung.

Die Berührungspunkte unserer Familie Stein mit ambulanten erzieherischen Hilfen zeigen einerseits deutlich, daß diese Familie mit ihren Problemen nicht allein gelassen wurde. Im Rahmen der Jugendhilfe kamen differenzierte sozialpädagogische und therapeutische Interventionen zum Einsatz. Andererseits verdeutlicht dieser Fall, daß sehr viele unterschiedliche professionelle Fachkräfte sich um diese Familie bemühten. Die Wahrscheinlichkeit ist sehr groß, daß die Vielfalt der Bezugssysteme und Bezugspersonen alle Beteiligten aber besonders die betroffene Familie, mit Orientierungsschwierigkeiten bzw. der Notwendigkeit sich ständig neu orientieren zu müssen, mit Entfremdungserlebnissen, mit unterschiedlichen oder auch gegensätzlichen Ansichten und mit Informationsmängeln und -defiziten konfrontierte.

13.2. FLEXIBLE ERZIEHUNGSHILFEN IN JUGENDHILFESTATIONEN

Diese negativen Erscheinungen sind zu erwarten, wenn verschiedene Formen ambulanter Erziehungshilfen notwendig werden, sie könnten aber durch andere Organisationsformen verringert oder möglicherweise auch ganz verhindert werden. Es bietet sich daher an, verschiedene erzieherische Hilfeformen in einer Institution zu bündeln, so daß Betroffene kontinuierlich durch ein kleines Team von Fachkräften betreut werden. Mit einem notwendigen Wechsel der Erziehungshilfe wäre dann kein Wechsel der Institution verbunden und die Gefahr von „Abbrüchen" verringert.

Die Überlegung, verschiedene Maßnahmen der Erziehungshilfe im Rahmen einer Institution durchzuführen, ist nicht neu. So veränderten beispielsweise zu Beginn der 70er Jahre einige Institutionen der Heimerziehung ihr bislang vorherrschendes Konzept für Jugendhilfeaufgaben. Der alleinige Schwerpunkt im stationären Erziehungsbereich wurde erweitert, es entstanden die ersten teilstationären Gruppen, die Tagesgruppen. Motive für diese Öffnung waren die allgemeine Kritik an der Heimerziehung, zurückgehende Nachfragen nach Heimunterbringung und damit verbundenen Probleme leerstehender Gruppen und beschäftigungslosem Erziehungspersonal. Motivation war aber auch, stationäre Heimerziehung vermeiden zu helfen, indem mit Tagesgruppenangeboten gezielt das einzelne Kind wie auch die Eigenkräfte und Ressourcen der Familie sozialpädagogisch gefördert wurden. Gleichzeitig wurden auch fließende Übergänge von der teilstationären zur stationären Erziehung, bzw. von der Heimgruppe in eine Tagesgruppe möglich und praktiziert. Hilfen zur Erziehung konnten zumindest bei Inanspruchnahme dieser speziellen Formen flexibler erfolgen.

In den letzten Jahren öffnen sich Träger und Institutionen der Heimerziehung erneut für weitere Aufgabengebiete. Unter dem Kostendruck der öffentlichen Haushalte und zurückgehender Belegungszahlen ist diese Öffnung auch als Überlebensstrategie zu verstehen. So bieten Heime beispielsweise Dienste in ambulanter Erziehungsberatung an: Auf bestimmte Stadtteile eingegrenzte Kurse der Sozialen Gruppenarbeit werden abgehalten, die Mitarbeiterin einer Tagesgruppe übernimmt vorübergehend die Aufgaben der Sozialpädagogischen Familienhilfe für ein Kind aus ihrer Gruppe und für dessen Familie oder ein Erzieher einer Wohngruppe wird zeitweise freigestellt, weil er für zwei Jugendliche ambulante Aufgaben der Intensiven sozialpädagogischen Einzelbetreuung wahrnimmt.

Die im Kinder- und Jugendhilfegesetz in den §§ 28-35 aufgeführten Hilfearten haben keinen ausschließenden Charakter. Es können auch andere Erziehungshilfen angeboten werden und auch Übergangs- und Mischformen sind möglich. Mit der Art der Erziehungshilfe ist auch keine zwangsläufige Zuordnung zu einer ganz bestimmten Institution verbunden, weil diese Hilfe ausschließlich dort ausgeübt werden kann. Die aufgeführten Beispiele der Öffnung und Erweiterung der Heimerziehung für ambulante Erziehungshilfen, die bislang nicht zu den Aufgaben dieses sozialpädagogischen Arbeitsfeldes zählten, stellen insofern einen flexiblen Umgang mit Erziehungshilfen dar.

Für Außenstehende ist nicht immer sofort erkennbar, ob es sich bei diesem neuen Angebot lediglich um ein System von Hilfen im Verbund, oder um eine inhaltlich und organisatorisch neu gestaltete Form von flexiblen Erziehungshilfen handelt. Verbundsysteme werden zwar wegen ihrer scheinbar günstigen Kooperations- und Synergieeffekte präferiert, aber es sind oftmals genau diese beiden Bereiche, die zu Schwierigkeiten in der Praxis führen, so daß die angestrebten Ziele in der Regel nicht erreicht werden (Lambach, R. 1994b, S. 35). Deutlich zeigt sich dies in den Beispielen einer Kooperation von Jugendhilfe und Schule.

Neben der Erweiterung des Aufgabengebietes stationärer Erziehungshilfen in den ambulanten Bereich hinein, entstanden in den vergangenen Jahren eigenständige Institutionen, die unterschiedliche Hilfen zur Erziehung flexibel und integriert durchführen. Solche Jugendhilfestationen sind „kleine innovative Organisationen, in denen von einem Team die Hilfen zur Erziehung 'aus einer Hand' angeboten werden. Sie sind nicht auf ein Betreuungsangebot festgelegt, sondern entwikkeln für Kinder und Jugendliche jeweils individuelle Betreuungsformen. Sie unterscheiden sich daher in ihrer Organisationsstruktur und in ihrem Handeln von anderen Einrichtungen der Jugendhilfe" (Klatetzki, T. 1994a, S. 64). Jugendhilfestationen entstanden beim Aufbau eines neuen Jugendhilfeangebots vor allem in den neuen Bundesländern. In Mecklenburg-Vorpommern empfiehlt das Kultusministerium bei der Gestaltung der Hilfen zur Erziehung, die Hilfearten, die sich im Laufe von 40 Jahren in den alten Bundesländern herausgebildet haben, nicht einfach nachzuahmen. Dem steten Wandel des erzieherischen Bedarfs bei Einzelfallbetreuung könne man nur mit hoher Flexibilität gerecht werden. Die lebensweltorientierten Erziehungshilfen sollten sich in der Nähe der Lebensorte der betroffenen Menschen ansiedeln und eine Spezialisierung auf bestimmte Hilfearten vermeiden.

„Eine Spezialisierung von Einrichtungen auf einzelne Hilfeformen hätte zur Folge, daß der junge Mensch die Einrichtung wechseln müßte, wenn sich der erzieherische Bedarf ändert. Diese belastenden Beziehungsabbrüche führen nicht selten zu einer Karriere abweichenden Verhaltens. Je spezialisierter Einrichtungen sind, um so lebensweltentfernter sind sie notwendigerweise. Das tägliche Leben ist eben nicht spezialisiert nach den in Berufen erlernbaren Fachgebieten" (Kultusministerium des Landes Mecklenburg-Vorpommern 1993, S. 16).

Flexibel verstandene Erziehungshilfen weichen vom „Dogma" der in den §§ 28 - 35 KJHG aufgelisteten Hilfeformen ab und insbesondere von der Vorstellung, daß diese Hilfen für alle Erziehungsfragen von jungen Menschen und deren Familien immer die passenden Antworten geben könnten (Klatetzki, T. 1994b, S. 12). Flexible Erziehungshilfen haben kein von vornherein festgelegtes Angebot, sie orientieren sich am Bedarf des Lebensumfeldes von Kindern und Jugendlichen und den sich ständig ergebenden Veränderungen. Infolge ihrer Lebensweltorientierung und Stadtteilbezogenheit können durch offene Angebote viele junge Menschen erreicht werden, auch solche, die den Zugang zunächst nur finden, weil er niedrigschwellig und offenen gehalten ist, bei denen sich dann aber eine Notwendigkeit intensiver erzieherischer Hilfe offenbart. Die spezifische Konzeption flexibler Hilfe läßt eine entsprechende Hilfeleistung erst möglich werden (Möser 1996, S. 11).

Das Konzept von Jugendhilfestationen basiert auf der Erkenntnis, daß die traditionelle Jugendhilfe ein System von Hilfen zur Erziehung vorgibt, dem sich die betroffenen Menschen anzupassen haben. Das Verständnis flexibler Erziehungshilfen beruht dagegen auf dem Grundsatz, daß sich die verschiedenen Hilfeangebote an den individuellen Bedürfnissen und Fragestellungen junger Menschen und deren Familien orientieren müssen (Klatetzki, T. 1994b, S. 16). In dem kleinen Team einer Jugendhilfestation werden hochqualifizierte MitarbeiterInnen benötigt, wobei diese Professionalität nicht zu Spezialisierungstendenzen und Hierarchiebildungen führen darf (Lambach, R. 1994b, S. 34 ff.).

Jugendhilfestationen und flexibel verstandene Erziehungshilfen bieten gegenüber den klassischen ambulanten Erziehungshilfen verschiedene Vorteile. Der Zugang zu Jugendhilfestationen ist als niedrigschwellig anzusehen. Dies beruht auf den offenen Angeboten, der Einbindung in einen Stadtteil und der Lebensweltorientierung. Außerdem bringen die KlientInnen Jugendhilfestationen weniger mit negativen Etikettierungen und mit der Angst vor Ämtern und Behörden in Verbindung. Die Stationen können unterschiedliche sozialpädagogische Interventionen, d. h. unterschiedliche Erziehungshilfen, im Rahmen einer kleinen Einheit durchführen. Dies bedeutet, daß bei einem notwendigen Wechsel von einer Form erzieherischer Hilfe zu einer anderen, ein „Abbruch" in aller Regel nicht stattfindet, da sich ein gleichzeitiger Wechsel der Institution erübrigt. Jungen Menschen, bei denen mit dem Wandel der Lebenslagen sich der Bedarf an Erziehungshilfen ändert, kann so eine kontinuierliche Betreuung und vor allem eine Kontinuität der Personen geboten werden. Das Team einer Jugendhilfestation kann sich ganz intensiv auf die jeweiligen Situationen und Fragestellungen der von ihm betreuten Kinder, Jugendlichen und deren Familien einstellen, es werden kaum Informationsdefizite oder Informationsverzerrungen aufkommen. Beim Wechsel einer Hilfeform muß nicht wieder beim „Nullpunkt" begonnen werden, sondern die

sozialpädagogische Arbeit wird kontinuierlich und damit ohne größere
Zeit-, Reibungs- und Orientierungsverluste fortgeführt.

13.3. FLEXIBLE ERZIEHUNGSHILFEN IN DER DISKUSSION

Auf den ersten Blick scheinen die Vorteile solcher flexibel praktizierten Erziehungshilfen sehr einleuchtend und überzeugend. Die Möglichkeiten von Jugendhilfestationen werden dennoch kontrovers diskutiert. Menne hebt angesichts der Entspezialisierung von Jugendhilfestationen hervor, daß Erziehungsberatungsstellen keineswegs auf
Spezialisierungen verzichten können. Für bestimmte Zielgruppen und
Problemlagen benötige man Spezialisten, ebenso für Beratungen und
Therapien bei stets wiederkehrenden Lebenslagen von KlientInnen.
Eine Entspezialisierung der Erziehungsberatungsstellen wertet Menne
als einen Rückschritt, der den Interessen der Zielgruppen widerspre-
che. Eine Zusammenarbeit mit anderen ambulanten Hilfen könne sehr
wohl auch „unter einem Dach" erfolgen, dann aber im Sinne eines
„Ambulatoriums" (Menne, K. 1994, S. 74 ff.).
Es scheint fraglich, ob ein kleines Team einer Jugendhilfestation wirklich regelmäßig auch spezielle Hilfen, die Kinder, Jugendliche und deren Familien im Einzelfall benötigen, anbieten kann. Ein Kind mit
Sprachentwicklungsstörungen braucht sicherlich professionelle logo-
pädische Unterstützung, ein anderes Kind mit Verhaltens- und Koordi-
nationsstörungen benötigt unter anderem motopädagogische Förde-
rungsangebote. Ein intellektuell beeinträchtigter junger Mensch kann
durch Verhaltenskonditionierung neue Lernerfahrungen machen, während ein beziehungsloser Jugendlicher beispielsweise einer Intensiven
sozialpädagogische Einzelbetreuung bedarf. Mit einem kleinen Team
sind diese oder andere professionelle Spezialisierungen wahrscheinlich niemals vollständig abzudecken. Will man den vorhandenen Bedürfnislagen aber gerecht werden, müssen in dem einen oder anderen
Fall doch Überweisungen an andere Fachkräfte in anderen Institutionen stattfinden. Im Interesse betroffener Kinder und Jugendlicher sollte es niemals vorkommen, daß bestimmte und spezielle Bedürfnislagen
übersehen oder nicht wahrgenommen werden, weil sie nicht in das
pädagogische Repertoire eines Teams passen. Es mag allerdings sein,
daß es angesichts der mit flexiblen Erziehungshilfen verbundenen Kontinuität, seltener zu Zuspitzungen von Lebenslagen und zu Krisen-
entwicklungen kommt, die ganz spezielle Betreuungsangebote erforderlich machen.

Auch Winkler spricht sich gegen eine Entspezialisierung aus und er stellt die Frage, „ob nicht die Leistungsfähigkeit der Jugendhilfe doch in erheblichem Maße davon abhängt, daß fachliche Spezialisierung eingesetzt hat" (Winkler, M. 1996, S. 17). Weiterhin macht er auf die fehlende Chance zu Distanzierung in flexiblen Systemen der Erziehungshilfen aufmerksam. Junge Menschen und deren Angehörige, die möglicherweise jahrelang mit einer Jugendhilfestation in Berührung stehen, haben gewissermaßen keine Geheimnisse mehr, die Kontinuität könne auch zu Abhängigkeitssituationen führen und zu dem Gefühl, ausgeliefert zu sein. Abbrüche in der Betreuung werden meist sehr negativ bewertet. Ein Abbruch könne im Einzelfall aber auch etwas Positives darstellen, wenn mit dem Abbruch neue Beziehungen, neue Perspektiven und neue Sichtweisen verbunden sind. Die Chancen eines unvoreingenommenen Neubeginns sollten gerade in der Arbeit mit sehr schwierigen Kindern und Jugendlichen nicht unterschätzt werden (Winkler, M. 1996, S. 18).

Eine Schlüsselrolle kommt wohl der verantwortungsvollen Hilfeplanung zu, wenn negative Abbrüche, der Zwang zu Neuorientierungen, Verständnisprobleme und andere Negativeffekte im Zusammenhang mit ambulanten Erziehungshilfen vermieden werden sollen. Eine vorausschauende Planung und insbesondere die Koordination unterschiedlicher Erziehungshilfen durch eine hauptverantwortliche Fachkraft können bewirken, daß ambulante Erziehungshilfen insgesamt flexibler angewandt werden. Die Mitwirkung der Betroffenen, ihre Beteiligung bei den Prozessen der Problemdefinition sowie der Aushandlung von erzieherischen Hilfeangeboten können eine verläßliche Ausgangsbasis bilden. Hier argumentiert allerdings Klatetzki: „Für die Adressaten der Hilfen zur Erziehung ist es aber nun aber gerade charakteristisch, daß sie die für das Aushandeln notwendige Kompetenzen noch nicht oder nicht mehr haben – sie ringen um ihre Selbstbestimmtheit und Einsichtsfähigkeit. Würden sie das nicht tun, wären Hilfen zur Erziehung nicht nötig" (Klatetzki, T. 1994b, S. 14). Diese gewiß häufig nicht oder nicht mehr vorhandenen Kompetenzen können und sollen gerade schon im Prozeß der Hilfeplanung unterstützt und gefördert werden, so daß man zumindest auf kleinen Ansätzen aufbauen kann. Bestimmte Fähigkeiten und Eigenschaften werden sich bei den Betroffenen auch erst dann neu herausbilden, wenn sie erwartet und gewünscht werden. Die Beteiligung der Betroffenen muß als selbstverständliches Ziel definiert sein, ansonsten ist sie bloße Farce.

Die praktischen Erfahrungen mit flexibel angewandten Erziehungshilfen sind zeitlich noch zu gering, um die Möglichkeiten und Grenzen von Jugendhilfestationen einer differenzierten und abschließenden Be-

urteilung zu unterziehen. Es ist jedoch anzunehmen, daß Jugendhilfestationen zukünftig einen festen Standort in der Jugendhilfelandschaft
einnehmen werden. Eher unwahrscheinlich wird es sein, daß auf ambulante Erziehungshilfen in spezialisierten Institutionen völlig verzichtet werden kann. Die Diskussion um die Organisationsformen ambulanter Erziehungshilfen wird zweifellos dazu beitragen, deren starre
Handhabung kritisch zu hinterfragen und zu insgesamt flexibleren erzieherischen Hilfen führen.

LITERATUR

Forum Erziehungshilfen. 2. Jg. 1996. H. 1. (Themenschwerpunktheft zu Integrierten Erziehungshilfen)
Klatetzki, T. (Hrsg.): Flexible Erziehungshilfen. Ein Organisationskonzept in
der Diskussion. Münster 1994.

Literatur

Amt für Jugend der Freien und Hansestadt Hamburg: Schulische Erziehungshilfe. Interne Konzeption. Hamburg 1991.

Andorff, J.: Segelschoner 'Jachara'. Eine psychologische Studie über einen therapeutischen Segeltörn mit verhaltensauffälligen Jugendlichen. Lüneburg 1988.

Arend, D. u.a.: Sich am Jugendlichen orientieren. Konzeptionelle Grundlagen und Erfahrungen aus der Mobilen Betreuung (MOB) des Verbunds Sozialtherapeutischer Einrichtungen (VSE) Celle. Frankfurt a. M. 1987.

Axline, V. M.: Kinderspieltherapie im nicht-direktiven Verfahren. 6. unv. Aufl. München, Basel 1984.

Bauer, H. G.: Erlebnispädagogik. In: Fachlexikon der Sozialen Arbeit 1993.

Behnies, K. u.a.: Erziehungsbeistand, Betreuungshelfer. In: Textor, M. R. 1992.

Benkmann, K. H./Saueressig, K. (Hrsg.): Fördern durch flexible Erziehungshilfe. Dortmund 1994.

Blandow, J./Faltermeier, J. (Hrsg.): Erziehungshilfen in der Bundesrepublik Deutschland. Stand und Entwicklungen. Frankfurt a. M. 1989.

Briel, R.: Hort. In: Fachlexikon der sozialen Arbeit 1993.

Capra, F.: Wendezeit. Bausteine für ein neues Weltbild. 4. Aufl. Bern, München, Wien 1983.

Degner, F.: Gemeinsame Wohnformen für Mütter, Väter und Kinder. In: Gernert, W. 1993.

Degner, F.: Beratung und Unterstützung der Familie. In: Gernert, W. 1993.

Deinet, U. (Hrsg.): Schule aus – Jugendhaus? Praxishandbuch. Ganztageskonzepte und Kooperationsmodelle in Jugendhilfe und Schule. Münster 1996.

Deutsches Jugendinstitut (Hrsg.): Was für Kinder. Aufwachsen in Deutschland. Ein Handbuch. München 1993.

Dörner, K./Plog, U.: Irren ist menschlich. Lehrbuch der Psychiatrie/Psychotherapie. Völlig neubearb. Ausg., 2. Aufl. Bonn 1984.

Elger, W./Christmann, C.: Sozialpädagogische Familienhilfe. In: Blandow, J./ Faltermeier J. 1989

Fachlexikon der Sozialen Arbeit. Hrsg.: Deutscher Verein für öffentliche und private Fürsorge. 3. ern. u. erw. Aufl. Frankfurt a. M. 1993.

Fegert, J. M.: Was ist seelische Behinderung? Anspruchsgrundlage und kooperative Umsetzung von Hilfen nach § 35a KJHG. 2. Aufl. Münster 1996.

Floehr, M.P./Reuß, W.: Vorbemerkungen der Herausgeber oder: Wir haben alle an einem Strang gezogen. In: Förderverein der Astrid-Lindgren-Schule e.V. 1990.

Flügge, I.: Erziehungsberatung. Zur Theorie und Methodik. Ein Beitrag aus der Praxis. Göttingen, Toronto, Zürich 1991.

Förderverein der Astrid-Lindgren-Schule e.V. (Hrsg.): Fördersystem für erziehungshilfebedürftige Schüler im Kreis Aachen. Beratung – Stammschule –Sozialarbeit – Kooperation – Therapie. Eschweiler 1990.

Forum Erziehungshilfen. 2. Jg. 1996. H. 1. (Themenschwerpunktheft zu Integrierten Erziehungshilfen)

Frank, G.: Lebenswelt. In: Fachlexikon der Sozialen Arbeit 1993.

Frey, K.: Mitwirkung, Hilfeplan. In: Gernert, W. 1993.

Gebert, A./Schone, R.: Erziehungsbeistände im Umbruch. Eine ambulante Erziehungshilfe profiliert sich neu. Münster 1993.

Geißler, E.: Erziehungsmittel. 5. durchges. Aufl. Bad Heilbrunn 1975.

Gernert, W. (Hrsg.): Das Kinder- und Jugendhilfegesetz 1993. Anspruch und praktische Umsetzung. Stuttgart u.a. 1993.

Giese, D. /Retaiski, H..: Beratung. In: Fachlexikon der sozialen Arbeit 1993.

Gintzel, U./Schone, R.: Der § 35 a KJHG: Stein der Weisen oder altes Eisen? In: Forum Erziehungshilfen. 1. Jg. 1995. H. 4, S. 149-155.

Gintzel, U./Schrapper, C.: Intensive sozialpädagogische Einzelbetreuung. Konzeptionen Kostenregelungen Praxis. Münster 1991.

Goffman, E.: Asyle. Über die soziale Situation psychiatrischer Patienten und anderer Insassen. Frankfurt a.M. 1974.

Goll, D.: Soziale Gruppenarbeit als ambulantes Hilfsangebot des Jugendamtes. In: Soziale Arbeit. 42. Jg. 1993. H. 5, S. 153-159.

Greuel, N./Nick, S.: Beratung und integrative Förderung von Schülern mit Verhaltensstörungen im Rahmen des flexiblen Fördersystems der Astrid-Lindgren-Schule. In: Pädagogik in Bewegung 1993.

Grossmann, W.: Aschenputtel im Schulalltag. Historische Entwicklungen und Perspektiven von Schulsozialarbeit. Weinheim 1987.

Gruhler, S./Schöpflin, E.: Kooperation zwischen Jugendhilfe und Schule für Erziehungshilfe. In: Petermann, U. (Hrsg.): Verhaltensgestörte Kinder. Didaktische und pädagogische Hilfen. Salzburg 1994.

Günder, R.: Praxis und Methoden der Heimerziehung. Frankfurt a.M. 1995.

Haberkorn, R. u.a.: Kindergarten und soziale Dienste. Praxisberichte zu ausgewählten Aspekten der pädagogischen Arbeit in Kindertagesstätten sowie zur Zusammenarbeit mit der Erziehungsberatung. Freiburg 1988.

Hauke, H.: Erziehungsberatung. In: Schwarzer, R. (Hrsg.): Beraterlexikon. Ein praktisches Nachschlagewerk für Erziehung und Unterricht. München 1977.

Heck, M.: Gesamtverantwortung, Jugendhilfeplanung. In: Gernert, W. 1993.

Hekele, K.: Konzeptionelle Grundlagen. In: Arend, D. u.a. 1987.

Hennig, C./Knödler, U.: Problemschüler – Problemfamilien. 3. Aufl. Weinheim 1993.

Hofacker, S.: Soziale Gruppenarbeit. In: Gernert, W. 1993.

Homfeld, H.G. (Hrsg.): Erlebnispädagogik. Baltmannsweiler 1993.

Homfeld, H./Deinet, U.: Schulbezogene Projekte im JUK-Haus (Jugend- und Kinderhaus) in Ahlen. In: Deinet, U. 1996.

Hundsalz, A.: Die Erziehungsberatung. Grundlagen, Organisation, Konzepte und Methoden. Weinheim, München 1995.

Institut für soziale Arbeit (Hrsg.): Hilfeplanung und Betroffenenbeteiligung. Münster 1994.

Jaeggi, E.: Verhaltenstherapie. In: Corsini, R. J. (Hrsg.): Handbuch der Psychotherapie. Band II. Weinheim, Basel 1983.

Janssen, K.: Tagespflege. In: Gernert, W. 1993.

Jordan, E.: Entscheidungsfindung und Hilfeplanung im Kontext des KJHG. In: Institut für soziale Arbeit 1994.

Jordan, E./Sengling, D.: Jugendhilfe. Einführung in Geschichte und Handlungsfelder, Organisationsformen und gesellschaftliche Problemlagen. 2. überarb. Aufl. Weinheim, München 1992.

Jugendhilfe Hepatha: Segeln und Sozialpädagogische Intensivbetreuung. In: Segeln und Sozialpädagogik. 14. Jg. 1994. H. 6, S. 55 - 60.

Jugendstiftung Baden-Württemberg (Hrsg.): Erlebnispädagogik. Theorie und Praxis in Aktion. Münster 1993.

Kaiser, H.: Schulische und außerschulische Erziehungshilfe im Spannungsfeld von Richtlinien und KJHG. In: Benkmann, K. H./Saueressig, K. 1994.

Karsten, M.-E./Otto, H.-U.: Die sozialpädagogische Ordnung in der Familie. In: dies. (Hrsg.): Die sozialpädagogische Ordnung in der Familie. Beiträge zum Wandel familialer Lebensweisen und sozialpädagogischer Interventionen. Weinheim, München 1987.

Kehsberg, E.: Schulkinder-Haus (Hort in der Grundschule). In: Deinet, U. 1996.

Kinnen, O. u.a.: Schulsozialarbeit an der Astrid-Lindgren-Schule. In: Pädagogik in Bewegung 1993.

Kircher, V.: Nähe und Distanz im helfenden Prozeß. In: Jugendwohl. 73 Jg. 1992. H. 6, S. 263-271.

Klatetzki, T. (Hrsg.): Flexible Erziehungshilfen. Ein Organisationskonzept in der Diskussion. Münster 1994.

Klatetzki, T.: Die Variation von Modellen. Flexibles Handeln in Jugendhilfestationen. In: ders. 1994a.

Klatetzki, T.: Innovative Organisationen in der Jugendhilfe. Kollektive Repräsentationen und Handlungsstrukturen am Beispiel der Hilfen zur Erziehung. In: ders. 1994b.

Köller, W.: Angebote der Familienbildung. In: Gernert, W. 1993.

Krüger, E. u.a. (Hrsg.): Erziehungshilfe in Tagesgruppen. Entwicklung, Konzeptionen, Perspektiven. Frankfurt a. M. 1994

Krüger, K.-H. u.a.: Das multiprofessionelle Förderzentrum – bereits Wirklichkeit? In: Benkmann, K. H./Saueressig, K. 1994.

Krüger, R./Zimmermann, G.: Die Erziehungshilfen nach dem KJHG im Spannungsfeld zwischen Jugendamt und freien Trägern. In: Soziale Arbeit. 40. Jg. 1991. H. 8, S. 259-266.

Kugler, A.: Schulische Erziehungshilfe in Hamburg. Konzept und erste Praxiserfahrungen. In. Materialien zur Heimerziehung. 13. Jg. 1984. Nr. 5/6, S. 69-73.

Kultusministerium des Landes Mecklenburg-Vorpommern: Empfehlungen zur Gestaltung der Hilfen zur Erziehung vom 5. Mai 1992 (Auszüge). In:

Materialien zur Heimerziehung. 22. Jg. 1993, Nr. 3, S. 16.

Kurz-Adam, M.: Familiäre Problemlagen in der Beratungsarbeit. In: Jugendwohl. 73. Jg. 1992. H. 12, S. 551 - 559.

Lambach, R.: Leistungsmöglichkeiten von Tagesgruppen. In: Krüger, E. u.a. 1994a.

Lambach, R.: Jugendhilfestationen als organisatorische Form. In: Klatetzki, T. 1994b.

Landeshauptstadt Stuttgart. Jugendamt: Beratungsstellen für Eltern, Kinder und Jugendliche. Jahresbericht 1993.

Lang, P.: Sozialpädagogische Familienhilfe. In: Textor, M. R. 1992.

Leber, A. u.a.: Krisen im Kindergarten. Psychoanalytische Beratung in pädagogischen Institutionen. Frankfurt a.M. 1989.

Liebenow, H.: Kommentierte Daten einer ländlichen Erziehungsberatungsstelle. In: Unsere Jugend. 45. Jg. 1993. H. 11, S. 474-482.

Ludemann, P.: Sozialpädagogische Familienhilfe im System der Erziehungshilfen. In: Jugendwohl. 73 Jg. 1992. H. 6, S. 256-263.

Menne, K.: Allgemeine Erziehungs- und Familienberatung. In: Blandow, J./ Faltermeier, J. 1989.

Menne, K.: Neuere Daten zur Erziehungs- und Familienberatung. Anmerkungen zum 8. Jugendbericht. In: Zentralblatt für das Jugendrecht. 79. Jg. 1992. H. 6, S. 311-323.

Menne, K.: Erziehungsberatung. In: Fachlexikon der sozialen Arbeit 1993.

Menne, K.: Erziehungsberatung und Kinder- und Jugendhilfestation. Über Gegensätze und mögliche Vereinbarkeit zweier Hilfeansätze. In: Klatetzki, T. 1994.

Merchel, J.: Von der psychosozialen Diagnose zur Hilfeplanung – Aspekte eines Perspektivenwandels in der Erziehungshilfe. In: Institut für soziale Arbeit 1994.

Merchel, J./Schrapper, C.: Hilfeplanung im Kontext der Organisationsgestaltung im Jugendamt. In: Institut für soziale Arbeit 1994.

Meyer-Klöpper, K.: Ressourcen erkennen und nutzbar machen. In: Blätter der Wohlfahrtspflege. 141. Jg. 1994. H. 11/12, S. 227-229.

Michl, W.: Erlebnispädagogik – Mut zwischen Mode und Methode. In: Jugendhilfe im gesellschaftlichen Wandel. Hrsg.: Deutscher Verein für öffentliche und private Fürsorge. Frankfurt a. M. 1992.

Moch, M.: Lebensfeldorientierung von Tagesgruppen. In: Krüger, E. u.a. 1994.

Möller, W./Nix, C. (Hrsg.): Kurzkommentar zum Kinder- und Jugendhilfegesetz. Weinheim, Basel 1991.

Möser, S.: Kompetenzen und Anforderungen an MitarbeiterInnen in integrierten Hilfen. In: Forum Erziehungshilfen. 2. Jg. 1996. H. 1, S. 11-14.

Mollenhauer, K./Uhlendorff, U.: Sozialpädagogische Diagnosen. Über Jugendliche in schwierigen Lebenslagen. Weinheim, München 1992.

Mollenhauer, K./Uhlendorff, U.: Sozialpädagogische Diagnosen II. Selbstdeutungen verhaltensschwieriger Jugendlicher als empirische Grundlage für Erziehungspläne. Weinheim, München 1995.

Monnartz, E./Reuß, W.: Flexibles Sonder- und Sozialpädagogisches Förder-system der Astrid-Lindgren-Schule des Kreises Aachen. In: Pädagogik in Bewegung 1993.

Münchmeier, R./v. Wolffersdorff, C.: Lebensweltorientierte Jugendhilfe und Erlebnispädagogik. In: Homfeld, H.G. 1993.

Münder, J.: Das neue Jugendhilferecht. Hrsg.: Institut für soziale Arbeit Münster 1991.

Münder, J. u.a.: Frankfurter Lehr- und Praxiskommentar zum Kinder- und Jugendhilfegesetz 1993. 2. überarb. Aufl. Münster 1993.

Münstermann, K.: Hilfen zur Erziehung. In: Gernert, W. 1993.

Mut zum Leben. Ein Jahr Jugendhilfeeinrichtung. Eine Bilanz. Wuppertal 1993 (Informationsmaterial).

Oelkers, J.: Kann „Erleben" erziehen? In: Zeitschrift für Erlebnispädagogik. 12. Jg. 1992. H. 3, S. 3-13.

Pädagogik in Bewegung. Integrative Förderung und Ganzheitliche Erziehung bei Lern-, Sprach- und Verhaltensstörungen. Prävention – Beratung – Kooperation – Sozialarbeit – Therapie. Dokumentation des 1. Symposiums an der Astrid-Lindgren-Schule. Eschweiler 1993.

Paulus, H.: Einführung in die Psychologie. Obertshausen 1985.

Peters, F.: Zur Kritik der sozialpädagogischen Familienhilfe. In: Widersprüche. 10. Jg. 1990. H. 34, S. 29-48.

Pfaffenberger, H.: Soziale Gruppenarbeit. In: Pädagogisches Lexikon. 2. Band. Hrsg.: Horney, H. u. a. Gütersloh 1970.

Pressel, I.: Familienhilfe, sozialpädagogische. In: Fachlexikon der sozialen Arbeit 1993.

Proksch, R.: Sozialdatenschutz in der Jugendhilfe. Hrsg.: Institut für soziale Arbeit. Münster 1996.

Reiser, H.: Entwicklungsperspektiven der (Sonder)-Pädagogik. In: Pädagogik in Bewegung 1993.

Reiser, H./Loeken, H.: Das Zentrum für Erziehungshilfe der Stadt Frankfurt am Main. Kooperation von Schule und Jugendhilfe. Solms 1993.

Rogers, C. R.: Die nicht-direktive Beratung. Frankfurt a. M. 1982.

Ronge, H.-G.: Seelisch Behinderte. In: Fachlexikon der Sozialen Arbeit 1993.

Rothe, M.: Sozialpädagogische Familien- und Erziehungshilfe. Eine Handlungsanleitung. 3. überarb. Aufl. Stuttgart, Berlin, Köln 1994.

Satir, V.: Familienbehandlung. Kommunikation und Beziehung in Theorie, Erleben und Therapie. 3. Aufl. Freiburg 1978.

Satir, V.: Selbstwert und Kommunikation. Familientherapie für Berater und zur Selbsthilfe. München 8. Aufl. 1988.

Schimke, H.-J.: Der Hilfeplan als Teil eines rechtsstaatlichen Entscheidungsprozesses. In: Institut für soziale Arbeit 1994.

v. Schlippe, A.: Familientherapie im Überblick. Basiskonzepte, Formen, Anwendungsmöglichkeiten. Beiheft 6 der Zeitschrift Integrative Therapie. Paderborn 1984.

Schmitt-Wenkelbach, B.: Familienbildung. In: Fachlexikon der sozialen Arbeit 1993.

Schone, R.: Bestand, Zielgruppen und Wirksamkeit ambulanter Hilfen zur Erziehung – Eine empirische Untersuchung in Westfalen-Lippe. In: Institut für soziale Arbeit (Hrsg.): Ambulante Erziehungshilfen – Alternative oder Alibi? Entwicklungen, Profile, Perspektiven ambulanter Hilfen zur Erziehung. Münster 1988.

Schrapper, C.: Erziehungs-Aufseher, Gerichts-Helfer oder mehr? In: Blandow, J./Faltermeier, J. 1989.

Schrapper, C.: Intensive sozialpädagogische Einzelbetreuung. In: Gernert, W. 1993.

Schütt, J.: Segeln mit verhaltensauffälligen Schülern. In: Benkmann, K. H./ Saueressig, K. 1994.

Senatsverwaltung für Schule, Berufsbildung und Sport, Berlin: Förderung verhaltensgestörter Kinder und Jugendlicher im Schulalter in Kooperation von Schule und Jugendhilfe. Information zum BLK-Modellversuch. Berlin 1993.

Selvini-Palazzoli, M. u.a.: Paradoxon und Gegenparadoxon. Stuttgart 1977.

Sommerfeld, P.: Erlebnispädagogisches Handeln. Ein Beitrag zur Erforschung konkreter pädagogischer Felder in ihrer Dynamik. Weinheim, München 1993.

Späth, K.: Sozialpädagogische Tagesgruppen. In: Blandow, J./Faltermeier, J. 1989.

Späth, K.: Der Hilfeplan im Spannungsfeld zwischen Bevormundung und Einbeziehung von Kindern, Jugendlichen und Eltern. In: Unsere Jugend. 44. Jg. 1992. H. 4, S. 149-155.

Späth, K.: Zur Entstehung und Entwicklung von Tagesgruppen – Anmerkungen zur Geschichte der Tagesbetreuung von Kindern. In: Krüger, E. u. a. 1994.

Stern, W.: Psychologie der frühen Kindheit. Heidelberg 1967.

Stickelmann, B.: Schulsozialarbeit. In: Fachlexikon der Sozialen Arbeit 1993.

Stierlin, H.: Eltern und Kinder. Das Drama von Trennung und Versöhnung im Jugendalter. Erw. Neuausgabe. Frankfurt a. M. 1985.

Tabel, G./Walter, F.: Erziehungs- und Familienberatung. In: Allgemeiner Sozialdienst. Ein Handbuch für soziale Berufe. Hrsg.: Textor, M. R. Weinheim, Basel 1994.

Tausch, R./Tausch, A.-M.: Erziehungspsychologie. Begegnung von Person zu Person. 9. Aufl. Göttingen, Toronto, Zürich 1979.

Textor, M. R.: Familienunterstützende Maßnahmen im Kindergarten. In: Kindergarten heute. 21. Jg. 1991. H. 6, S. 46-51.

Textor, M. R. (Hrsg.): Praxis der Kinder- und Jugendhilfe. Handbuch für die sozialpädagogische Anwendung des KJHG. Weinheim, Basel 1992.

Textor, M. R.: Vermittlung der Hilfsangebote psychosozialer Dienste. In: ders. (Hrsg.): Problemkinder? Auffällige Kinder in Kindergarten und Hort. Weinheim, Basel 1996.

Theunissen, G.: Heilpädagogik und Soziale Arbeit mit verhaltensauffälligen Kindern und Jugendlichen. Eine Einführung. Freiburg 1992.

Thiersch, H.: Lebensweltorientierte Soziale Arbeit. Aufgaben der Praxis im sozialen Wandel. Weinheim, München 1992.

Thiersch, H.: Veränderte Lebensbedingungen – veränderte Erziehungshilfen? Das Angebot der sozialpädagogischen Tagesgruppe im System der Jugendhilfe. In: Krüger, E. u.a. 1994.

Weidinger, C. A.: Integrative Beschulung – diskutiert am Beispiel einer „Mobilen Förderschule für Erziehungshilfe". In: Benkmann, K. H./Saueressig, K. 1994.

Wiedau, R.: Sozialpädagogische Familienhilfe. In: Gernert, W. 1993.

Winkler, M.: Flexible Systeme – ein Tanz zur Melodie moderner Gesellschaften? In: Forum Erziehungshilfen. 2. Jg. 1996. H. 1, S. 14-18.

Wolf-Wedigo, W.: Präventive Kindergartenpädagogik. Grundlagen und Praxishilfen für die Arbeit mit auffälligen Kindern. Weinheim, München 1995.

Ziegenspeck, J.: Sozialpädagogik vor dem Wind. In: betrifft: Erziehung. 16. Jg. 1983. H. 6, S. 69-73.

Ziegenspeck, J.: Lernen fürs Leben – Lernen mit Herz und Hand. Zum 100. Geburtstag von Kurt Hahn (1886-1974). In: Neue Sammlung. 26. Jg. 1986, H. 3, S. 423-435.

Ziegenspeck, J.: Erlebnispädagogik. Segeln und Pädagogik – Pädagogik und Segeln. In: Unsere Jugend. 42. Jg. 1990. H. 11, S. 463-471.

Der Autor

Prof. Dr. Richard Günder lehrt Erziehungswissenschaft an der Fachhochschule Dortmund, Fachbereich Sozialarbeit.